아이의 수학머리를 키워 주는

수학육아

아이의 수학머리를 키워 주는

수학
육아

오병승
지음

한솔수북

우리 아이,
어떻게 가르쳐야 할까요?

구슬보다 작은 배 안에 그보다 작은 알을 잉태한 어미 새는 높은 하늘을 날면서도 땅 위의 지푸라기를 본다고 합니다. 알을 낳으면 품을 집을 지어야 하기에 재료로 쓸 지푸라기를 찾는 거지요. 신나게 하늘을 나는 처녀 새일 때는 결코 보이지 않던 지푸라기가 알을 품은 어미 새가 되면 비로소 보이는 것입니다.

세상의 모든 어머니도 아기를 낳으면 거듭납니다. '신이 빚으셨음이 틀림없어 보이는' 눈, 코, 입 그리고 손, 발이 갖춰진 신비한 몸을 지닌 아기를 자신이 낳았다는 감동이 밀려옵니다. 그로부터 세상을 보는 눈이 달라지고 겸허해지고 시야가 넓어집니다. 그렇게 어머니로 거듭나는 것입니다.

그렇게 거듭난 어머니들은 때로는 자신의 아이가 천재일지 모른다는 기대에 가슴 떨기도 하고, 때로는 아이가 세상살이를 제대로 해낼까 싶은 불안감에 걱정하기도 합니다. 아이가 재잘재잘 말을 하기 시작하면 어머니는 세상을 얻은 것 같다가도 새삼스럽게 돋아나는 욕심에 휘말리기도 합니다. "내 아이만은 우수하고 능력 있는 인재로 길러야 한다."라는 절박한 욕심 때문에 온갖 교육 계획을 세우고 성급하게 실천을 서둘러 보기도 하는 세상 어머니들, 그들의 약하고 여린 마음을 이용하려는 상업주의가 판을 칩니다.

온갖 학원부터 학습지, 교육 프로그램까지 넘쳐 나는 시대에 무엇이 진정으로 내 아이에게 합당하고 유익한지 판단하기란 쉽지 않습니다. 저는 그런 어머니들에게 조금이나마 도움을 주고자 이 책을 엮었습니다.

이 책에는 유아기 아이의 수학교육을 맡을 어머니와 선생님들이 좋은 판단을 하는 데 도움이 될 77가지 질문을 엮었습니다. 여기 마련한 77가지 질문은 언어를 습득한 아이가 그것을 바탕으로 추리력을 키우고, 수 개념을 형성하며 지적 발달을 해나가기 위해 경험해야 할 단계들을 압축한 것입니다.

아이를 가르치는 일은 결코 쉽지 않습니다. 그러나 분명한 것은 아이의 지적 발달을 위해 어머니가 기울이는 노력이 결코 헛될리 없다는 것입니다. 다만 어떤 지도 방법을 선택하느냐에 따라

교육 효과는 차이가 있습니다.

　나는 평생 동안 수학교육을 연구해 왔습니다. 그 경험과 지도 방법을 여기 권해 드립니다. 편안하고 쉽게 이해할 수 있는 내용보다는 다소 까다롭고 힘든 내용도 있지만 현명한 어머니라면 이해할 수 있는 수준의 질문과 답들을 담았습니다. 아기를 낳는 위대한 경험으로 거듭난 세상의 어머니들에게 드리는 이 작은 지적 도구가 부디 빛나는 기여를 하길 기대합니다.

저자 오병승

차례

2 5세 전에 키워 줘야 할 수학의 기초

3 일상생활에서 수학머리를 키워 주는 방법

1

아이를 잘 가르치려면
알아야 할 것들

아이가 학교에 들어가기 전에 교육은 어느 정도 시켜야 할까?
무엇이든 재미있고 알기 쉽게 가르치라는데 어떻게?
지금 우리 아이는 네 살인데 얼마만큼 가르쳐야 하나? 등등
아이를 잘 교육하고 싶은 엄마들의 궁금증을 풀어 드립니다.

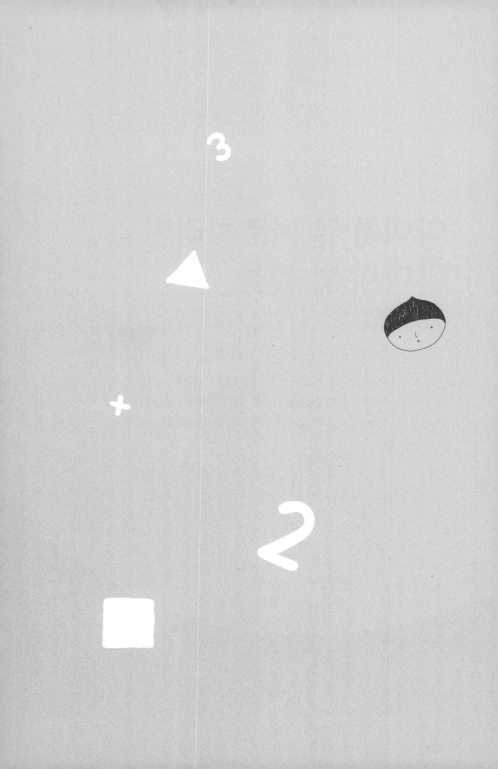

어릴 때 조기 교육을 받으면 학교 공부에 싫증을 잘 느낀다는데 정말 그런가요?

● 이런 의견은 부분적으로는 진실입니다. 가령 1학년이면서 2, 3학년 수준으로 읽기를 할 수 있는 아이라면 '준호', '소영이' 정도를 읽는 일은 너무 쉬워서 호기심과 즐거움을 느끼며 공부하지는 않을 것입니다.

그러나 여기서 한 가지 알아야 할 사실이 있습니다. 대개 학교에서는 어느 아이든 그 능력에 맞춰서 지도하려 노력하기 마련이므로 아이가 지루해하는 일은 별로 없습니다. 열정적인 선생님은 재능이 있는 아이에게 수업 이외의 시간에도 여러 가지를 가르쳐주려 합니다. 그러므로 취학 전에 글자나 수학을 익힌 아이가 입학 후에 싫증을 내도록 놓아두지는 않습니다.

게다가 아이마다 개인차는 나게 마련이므로 초등학교에 들어가면 학력 차가 점점 더 벌어지게 됩니다. 그래서 선생님들은 기본적으로 아이들의 개인적 능력에 맞춰 가르치는 프로그램이나 방법을 터득하고 있습니다.

아이들이 무엇인가를 배울 때 한 번에 모든 것을 다 배울 수는 없습니다. 여러분도 한 번 배운 것을 반복해서 배우다 보면 그때마다 새록새록 배울 것이 더 생기는 경험을 한 적 있으시죠? 아이도 똑같습니다. 그러니까 능력이 있는 아이는 점점 더 그 능력이 신장되어 갑니다. 실력의 부익부빈익빈 현상이 생기는 것입니다. 그러므로 이 질문의 경우는 틀렸다고 할 수 있습니다.

아이의 수학머리를 키워 주는 수학육아

조기 교육을 받은 아이는 학교와 사회에 적응하기 어렵다던데 사실인가요?

● 우리는 흔히 '머리가 너무 좋아서 탈이다'라는 말을 합니다. 이 말은 머리가 지나치게 좋으면 주변에 잘 적응하지 못할 수도 있다는 생각을 내포하고 있습니다. 흡사 능력이 높은 우수 아동 또한 지적 장애아처럼 '보통 아이가 아니다'라는 생각이 있는 것입니다. 이런 생각대로라면 우수한 아이는 보통 아이가 아닌 것을 감추기 위해 반에서 우스꽝스러운 짓을 하거나, 더러는 무기력하거나 내성적이 될 수도 있음을 뜻하기도 합니다. 그러나 전문가들은 그럴 일은 없다는 의견입니다. 많은 학자들이 연구한 바에 따르면 우수한 아이는 지적으로 보통이거나 그 이하인 아이들과 마찬가지로 학교생활에 잘 적응한다고 합니다.

미국의 어느 대학에서 1천 명 이상 되는 우수 아동을 초등학교부터 대학, 그리고 사회에 나가서까지 지속적으로 추적 조사했습니다. 연구에 따르면 이 아이들의 각 교과별 학력은 평균적으로 또래보다 1년 내지 3년 정도씩 앞서 있었습니다. 또한 친구들과도 사이좋게 잘 어울리고 과외활동도 활발했으며, 항상 중심적인 지도자 역할을 하고 있었습니다. 또한 신체적·정신적으로도 보통 아이들보다 건강했고, 광범위하게 흥미를 느껴서 학과 이외에도 다방면에서 뛰어났다고 합니다. 그들 중 70% 정도는 사회에 나가서도 연구원, 저널리스트, 변호사, 의사, 교사, 관리자, 외교관과 같은 지적 전문가 또는 준 지적 전문가로서 사회적 지위를 누리고 있었다고 합니다.

이처럼 우수한 지능은 무엇에나 잘 적응할 수 있는 기초가 되며, 어려운 문제를 해결해 가는 힘이 됩니다. 따라서 취학 전에 조기 교육을 받은 아이가 학교나 사회에서 적응을 잘 못하는 경우는 없습니다. 오히려 학교생활이나 사회생활에서 남보다 훨씬 잘 적응할 수 있습니다.

학교와 사회에 적응을 못하는 문제는 취학 전 학습량에 달린 것이 아니라, 다른 원인이 있기 때문입니다. 보통 그런 경우 중요한 원인은 '사회성 결여'입니다. 어릴 적부터 아이들에게 다른 사람과 더불어 사는 능력을 키워 주지 못하면 취학 전 교육에도 학교 교육에도 지대한 악영향을 끼칩니다.

교육 전문가가 아닌 부모가 과연 아이를 잘 가르칠 수 있을까요?

● 학교 선생님만이 교육 전문가라고 주장하는 사람들이 많습니다. 이런 사고방식은 '교사는 특별한 지도법 훈련을 받은 사람이다.' 라는 생각에서 비롯됩니다. 그러나 이런 생각이 과연 옳을까요?

분명히 '좋은 선생님'은 있습니다. 그러나 전문적인 교육을 받아야만 좋은 선생님이 되는 것은 아닙니다. 좋은 선생님의 첫째 조건은 마음으로부터 아이를 가르치고 싶어하는 사람이지, 반드시 교사자격증을 가진 사람이어야 하는 것은 아닙니다.

아이에 대한 애정이 가장 큰 사람은 당연히 엄마입니다. 그러므로 엄마가 아이를 열심히 가르친다면 학교 선생님보다 훨씬 좋은 선생님이 될 수도 있습니다. 게다가 엄마는 학교 선생님보다 훨씬 유리한 입장입니다.

선생님은 학교에서 아이 몇십 명을 한꺼번에 상대해야 하지만 엄마가 맡을 아이는 자기 아이 하나뿐입니다. 그만큼 가르치는 조건이 좋을 수밖에 없습니다. 엄마와 아이로 1대 1이 되면 공부 내용을 이해하기 쉽도록 설명하고 틀린 것도 쉽게 고쳐 줄 수 있으니까 학습 능률도 오를 수밖에 없지요.

무엇보다 부모와 같은 조건을 갖춘 전문 교육을 받은 선생님이 가장 이상적인 전문가입니다. 그러니 좋은 교육 프로그램을 엄마가 만난다면 가장 이상적인 교육을 할 수 있을 것입니다.

아이의 수학머리를 키워 주는 수학육아

아이를 둘러싼 환경은 교육에 얼마나 중요한가요?

● 교육에 있어 환경의 역할을 이야기하기 전에 먼저 생각해 볼 점이 있습니다. 환경에 대해 우리는 무엇을 알고 있고, 그것은 언제 어디서 어떤 역할을 하는가 하는 점입니다.

환경은 '선생님'이고 아이들은 '학생'인 것입니다. 만약에 아이가 늑대에 의해 길러진다면 사람의 말을 모르고, 수를 세지도 못할 것입니다. 네 발로 기듯이 걷고 늑대가 먹는 먹거리를 손을 쓰지 않은 채 먹을 것입니다.

실제로 인도 캘커타 근방에서 늑대에게 길러진 두 소녀가 발견되었는데, 바로 그런 형상을 하고 있었다고 합니다. 그 아이들이 만약에 에스키모에게 길러졌다면 우리보다 많은 종류의 눈을 구별할 수 있고 에스키모와 같은 언어로 이야기할 것입니다.

이처럼 환경에는 수천수만 종류가 있는데 한 가지 공통점은 어떤 환경에서 길러지든 아이는 그 환경의 가르침을 받게 된다는 것입니다. 가령 서울에서 길러진 아이들은 그리스어를 하도록 교육받지 않고, 그리스에서 길러진 아이들은 한국말을 모릅니다. 또 미개지에서 사냥으로 먹고사는 종족이 키운 아이는 이차 방정식이 도대체 무엇인지 알 수가 없습니다.

이처럼 사람은 동물과 달라서 환경의 영향을 크게 받습니다. 환경의 영향에 따라 지적으로 빼어난 사람이 될 수도 있고 뒤처진 사람이 될 수도 있습니다. 또 인격적으로 뛰어난 사람도 될 수 있고 의심이 많은 성격이 될 수도 있습니다.

한 아이가 가진 학습 능력이 얼마만큼인지 또한 지식을 어느 정도 습득할 수 있는지는 유전적으로 정해지는 것이 아닙니다. 이 같은 사실은 교육 문제에 있어서는 매우 중요한 요소입니다. 아이큐는 환경에 따라 변화하고 환경은 아이의 성장에 중요한 역할을 한다는 사실을 잊지 마세요.

아이의 성장에 좋은 환경과 나쁜 환경은 무엇인가요?

● 페루의 아기나 오스트리아의 아기, 혹은 우리나라의 아기 모두 국적에 상관없이 말을 하기 전에 똑같이 '부우, 부우' 하는 소리를 발성 삼아 냅니다. 그런가 하면 아메리카 인디언 아기나 뉴욕의 아기, 또한 서울의 아기도 대개가 비슷한 시기에 걸음마를 뗍니다.

그러나 말을 하고 셈을 하는 방법이나 성격은 아기가 처한 환경에 따라 다르게 나타납니다. 그러니까 '어떤 선생님'에게 배우기 시작하면서 아기마다 차이가 생기게 되는 것입니다. 어느 나라 아이든 처음에는 엄마 젖을 먹으며 기어 다니다가 걸음마를 배우고 차츰 서서 걷기 시작합니다.

이것은 모두 자연의 법칙인 '물리적 환경'이라는 선생님 덕분입니다. 이 선생님은 반드시 같은 순서와 같은 벌, 그리고 같은 보상으로 같은 것을 가르칩니다. 가령 어느 나라 아이든 물건을 보고

쫓아간다든가 손을 뻗어 만진다든가 균형을 잡고 걷는 행동 등은 같은 원리로 가르칠 수 있습니다. 이런 원리를 거스르면 뜻대로 움직일 수 없어져서 몸이 벌을 받게 됩니다. 아이가 걸으려 할 때 제대로 균형을 잡지 못한다면 환경이라는 선생님이 이내 넘어지는 벌을 줍니다.

그런 의미에서 이 선생님은 일말의 동정이나 예외가 없습니다. 아무리 귀엽고 소중한 아기라도, 또한 아무리 울며 떼를 써도 항상 일관되게 즉시 벌을 줍니다. 몸의 균형을 잡지 못하고 걸으면 몇십 번을 거듭해도 다치고 아프기 마련입니다. 그 대신 어느 순간 잘못을 깨닫고 나면 평생 잊지 않게 해주는 보상이 따르기도 합니다. 이처럼 물리적 환경은 아기들에게는 최초의 선생님이 됩니다.

아주 철저하고 엄격한 이 선생님은 아이들이 오류를 범하면 바로잡고 벌을 주고 올바른 룰을 가르쳐 줍니다. 어떤 아이든 이런 감독 밑에서 갖가지 일들을 맹렬한 속도로 배워 가는 것입니다. 이 환경에서 엄격함이 사라진다면 아이는 아주 더디게 발전할 것입니다. 이를테면 자극이 약한 단조로운 곳이라든지 보거나 들을 일이 없는 곳, 또는 딱딱한 물건도 없고 말랑말랑한 물건도 없는 곳, 냄새도 안 나는 곳 등이 아이의 발전을 더디게 만드는 환경입니다.

좀 더 구체적으로 말하면 좁은 아기 침대 속에 엎어 뉘인 아기

아이의 수학머리를 키워 주는 수학육아

는 뒤집을 줄 모릅니다. 또 아무도 아기를 안아 주지 않고 눕혀둔 채로 우유를 먹이거나 옷을 갈아입힌다면, 게다가 아무런 말도 걸지 않는다면 아기는 어떻게 될까요? 그런 환경에서는 아기의 성장을 기대하기 어렵습니다.

실제로 이란 테헤란의 한 고아원을 조사한 결과입니다. 한 살에서 두 살 사이에 길 수 있는 아이는 14%에 그쳤고, 앉을 수 있는 아이는 42%였다고 합니다. 세 살에서 네 살이 되어서도 혼자 걸을 수 있는 아이는 불과 15%였다는군요. 이것은 학계에 보고된 근거 있는 조사 결과였습니다. 이처럼 물리적 환경이 얼마나 좋고 나쁜지가 아이들의 성장에 커다란 영향을 미치는 것입니다.

어릴 때 아이큐를 20 이상 높일 수 있는 방법은 무엇인가요?

● 아이가 자연계를 중심으로 한 물리적 환경에서 대인관계를 중심으로 한 사회적 환경으로 옮겨지면 상황은 또 달라집니다. 아이에게 갖가지 변화가 생기는 것입니다. 한국 아이는 한국말을 배우고 미국 아이는 영어를 배우듯, 아이들은 자신이 처한 환경에 따라 그중 어떤 요소가 중요하고 어떤 요소가 자신과 관계없는지를 배우게 됩니다. 여기에 중요한 영향을 미치는 것은 그 사회에 속한 어른들의 사고법입니다. 그런데 어른들의 사고법이란 각 사회마다 다르기 마련입니다.

아이들은 갖가지로 다른 '사회적 환경이라는 선생님'이 골라 준 갖가지 길을 따라 천천히 걸어갑니다. 대개는 어떤 사회적 환경도 물리적 환경만큼 적극적이지는 않습니다. 물리적 환경은 상대를 가리지 않고 엄격하며 일반적인 반면, 사회적 환경은 개별

아이의 수학머리를 키워 주는 수학육아

적이기 때문입니다. 인간이 주도하는 사회적 교육에서는, 예를 들어 체벌만 보더라도 그 엄격함이 자연 환경과는 다릅니다. 체벌에는 어른들의 감정이 작용하고 항상 공정할 수만은 없는 일이 일어나기도 합니다. 그런가 하면 부모의 열성이나 생활 습관에서 오는 영향도 있습니다.

따라서 환경에 따라 배우는 지식의 양이 다르다 보니까 '선생님'으로서 좋은 환경과 그렇지 못한 환경이 있습니다. 좋은 사회적 환경이란 교육이 적극적으로 이뤄지는 환경입니다. 자극이 많고 단조롭지 않아서 여러 가지 사실을 골고루 가르치게 되는 환경입니다. 이런 생활 속에서 아이들은 끊임없이 학습하도록 자극받고, 알고 있는 지식을 다음 과제를 배우는 수단으로 이용하도록 준비하게 됩니다. 그 과정에서 여러 가지 경험을 요구받게 되고, 아이들 본래의 욕망이 새로운 지식을 흡수하기 위하여 충분한 날개를 펼치게 됩니다.

여기서도 물리적 환경과 마찬가지로 처음부터 끝까지 일관된 엄격함이 요구되고, 그에 부응하지 못하고 그릇된 행동을 하면 엄중한 벌을 받게 마련입니다. 그리고 잘못된 점은 확실하게 바로잡아야만 발전이 됩니다. 그런 과정을 거듭하면서 아이들은 성장해 가지요.

각 가정의 문화 속에도 실로 많은 환경이 있습니다. 그 각각의 환경에는 각기 다른 생활양식이 있어서 아이들에게 미치는 영향도 다릅니다. 가령 어떤 가정에서는 아이들에게 자립 행동과 배설 훈련, 언어 습관 등에 대해서 지나친 예법을 강조하지 않는 반면, 어떤 가정에서는 아주 엄격하게 가르칩니다.

어려서부터 배설 훈련이 잘 되고 모든 일을 스스로 하도록 길러지며 의사 표현이 분명하고 많은 언어를 배우도록 요구받은 아이들은 보통의 아이들(가령 그들의 IQ를 100으로 하면)보다 아이큐가 평균 20가량 높다는 보고가 있습니다. 그보다 더 훈련을 못 받은 아이와 비교한다면 40정도 차이가 난다는 연구 보고도 있습니다.

이런 사실들을 통해 환경이 적극적이 될수록, 그러니까 가정이 교육에 열성적일수록 아이들의 학습 능력은 그만큼 높아진다는 것을 알 수 있습니다.

아이의 수학머리를 키워 주는 수학육아

아이의 발달에 유전과 환경보다
더 많은 영향을 미치는 것은 무엇인가요?

● 아이의 발달을 지배하는 것이 유전이냐 환경이냐 하는 이분법식 대응은 적절하지 않습니다. 유전이나 환경은 아이의 발달에 숙명적인 요소가 아니고, 아이가 지닌 조건에 따라서 얼마든지 통제 가능한 유연한 것입니다. 나쁜 유전도 부모의 배려나 약, 교육에 따라서 어느 정도는 바꿀 수 있고, 나쁜 환경도 아이가 저항력이나 가능성을 지니게 되면 또는 교육에 의하여 힘이 생기면 극복할 수가 있습니다. 바꿔 말하면 사람의 발달 방향에는 갖가지가능성이 있다는 것입니다. 그러니까 일란성 쌍둥이라 할지라도서로 개인차가 있는 것입니다.

이런 관점에서 '유전이냐 환경이냐'를 문제 삼을 것이 아니고,'성숙이냐 학습이냐'를 분명히 해야 합니다. 학자들 중에는 '성숙이야말로 발달 중에서도 가장 기본적인 원동력이고 발달의 방향을 정해 주는 것'이라고 말하는 사람도 있습니다. 결국 발달의 순서는 성숙의 정도에 의해 결정됩니다. 분명히 성숙의 시기는 사람에 따라 늦기도 하고 이르기도 합니다. 말하자면 성숙은 개성적인 것입니다.

성숙의 범위 안에서는 자신의 경험을 발달 양식으로 삼을 수 있습니다. 그것을 '학습'이라고 부릅니다. 이런 성숙과 학습을 포함한 일반적인 과정을 '성장'이라고 이름 붙였습니다. 그러니까 성장이란 성숙이라는 내적인 요인과 학습이라는 외적인 요인의 통합체라고 할 수 있습니다.

아이의 수학머리를 키워 주는 수학육아

아이에게 반드시 가르쳐야 할
'살아가는 데 필요한 기초 능력'이 궁금합니다

● 아이를 교육하는 목적은 엘리트로 만들기 위해서인가요? 좋은 대학을 나와서 좋은 직장에 취직해서 풍족한 월급으로 잘 사는 것, 그런 목적으로 우리는 자식을 교육하고 있나요? 어떤 부모라도 자식이 불안정하게 살기를 바라진 않을 겁니다. 할 수만 있다면 물질적으로도 충족한 생활을 하기를 바라겠지요. 게다가 옛날에는 웬만한 직장만 얻으면 그럭저럭 먹고살 수 있었지만 지금 세상은 그렇지 않습니다. 기술이나 기능은 뒤처지지 않을 만큼 지녀야 하고, 전문적인 능력을 개발하여 변화하는 세상에 적응하지 않으면 언제든 퇴출되고 도태될 수 있습니다.

많은 부모들은 안정적으로 생활하는 데 필요한 고급 기능과 전문 능력은 명문대학에 가야만 익힐 수 있다고 생각하게 되었지요. 게다가 우리 사회는 여전히 학벌과 스펙을 중시하고 있어서

명문대학을 나와야만 좋은 직장도 얻을 수 있다고 믿고 있습니다. 부모들이 그렇게 생각할 수밖에 없는 것이 우리 사회의 현실이기도 했습니다.

그렇지만 아이는 기계나 로봇처럼 어른들 뜻대로 만들어지지 않을 뿐더러 무리하게 강요하면 엇나갈 수도 있습니다. 아이에게는 아이의 인생이 있습니다. 공부가 좋아서 하루 종일 공부에 열중하는 아이는 거기에 걸맞게 명문대학에 가면 좋을 것입니다. 야구라면 죽고 못 사는 아이는 야구 선수의 길을 가면 됩니다. 바이올린이라면 아무리 어려운 연습도 참을 수 있다며 재능을 보이는 아이는 음악대학으로 가야 하지요.

물론 그런 길로 가다가 중도에 좌절하는 경우도 있습니다. 그러면 그 과정에서 익힌 집중력이나 인내력이 남아 '살아가는 능력'이 됩니다. 이 능력은 다른 방면에서도 훌륭하게 발휘될 테고요. 그와 같은 살아가는 능력으로서의 기초적인 능력은 크게 세 가지가 있습니다. 첫째가 기초적인 체력(體力)으로, 바로 운동 능력이지요. 몸이 약하면 기력도 약해서 살아가는 힘이 약할 수밖에 없습니다.

둘째는 감응표현력(感應表現力)입니다. 남의 말을 알아듣고 함께 즐거워하기도 하고 함께 슬퍼하기도 하는 힘, 남에게 자기 뜻과 생각을 정확히 알릴 수 있는 힘입니다. 어른들의 세계에서는 정치활동, 예술활동을 하는 데 이 능력이 특히 필요합니다.

셋째는 기초 학력(學力)입니다. 읽고 쓰고 계산하는 토대로서의

아이의 수학머리를 키워 주는 수학육아

능력이지요. 지적인 능력이 발달하려면 없어서는 안 되는 필수 능력입니다.

현대사회를 통찰하고, 민족과 인류 문제를 고민하고 해결력을 가지며, 미래를 개척해 가기 위해서는 고도의 식견이 필요합니다. 그러려면 깊고 전문적인 학식과 글로벌한 시야를 갖춰야 합니다.

기초 학력이 취약해서는 그런 능력을 익힐 수가 없습니다. 인간이 자립해서 스스로 운명을 개척해 가려면 눈앞의 세상을 제대로 보아야 합니다. 세상을 보는 힘은 기초 학력이 토대가 되어야만 제대로 방향을 잡아갈 수 있습니다. 결론적으로 말씀드리자면 오늘의 기초 학력이 미래를 잘 살아갈 결정적인 조건이 됩니다.

다시 한 번 강조합니다. 인간이 살아가는 데 필요한 기초능력은 첫째 체력, 둘째 감응표현력, 셋째 학력입니다.

09

유아에게도 '생각하는 힘'을
키워 줄 수 있나요?

● 어떤 일을 '생각한다'는 것은 '생각의 틀(범주)' 안에 넣어서 정리한다는 뜻입니다. 이 '생각의 틀'은 고대 그리스의 아리스토텔레스이래 '카테고리'라고 불렀습니다. 근세의 철학자 칸트는 이 카테고리에 의해서 비로소 '인식의 타당성이나 객관성이 보증'된다고 주장했습니다. 어려운 말이지요? 어쨌든 생각의 틀, 즉 카테고리는 '생각하기'에만 필요한 것이 아니라 사물을 '직관하기'에도 없어서는 안 됩니다. 그래서 칸트는 인식의 형식으로 생각의 틀(카테고리)과 직관의 틀, 두 종류를 지적하고 있습니다.

직관의 틀이란 시간이나 공간의 틀 짜기이고 생각의 틀이란 양, 질, 관계, 양상의 틀 짜기입니다. 이와 같은 사고는 인간이 사물을 생각하는 한 반드시 해야만 합니다. 칸트는 분명히 아이의 틀 짜기는 어른에 비해 그다지 발달되지 않을지라도 일반적인 윤

곽은 어른과 공통된다고 주장했습니다. 그러나 칸트 이후 많은 사회학자와 심리학자들에 의하면 칸트가 말하는 생각의 틀이나 직관의 틀은 절대적이고 보편적인 것이 아니고, 보다 상대적이며 일시적인 것입니다. 그래서 사회 환경이나 정신 발달 수준에 따라서 전혀 달라질 수 있다는 사실이 밝혀졌습니다.

프랑스의 어느 사회학자는 미개인의 인식 형식을 조사한 결과 과학적·합리적인 사고를 진전시켜 가는 우리의 틀 짜기와는 많이 다름을 확인했습니다. 그것들은 이를테면 전(前)논리적이어서 주로 미개인이 속한 사회 조직의 질서를 담고 있습니다. 가령 그들의 시간의 틀은 사냥, 고기잡이, 축제와 같은 사회생활의 리듬에서 이어졌고, 공간의 틀은 씨족의 영토 관계를 충실히 반영하고 있었습니다. 인과의 틀도 마술적이라고 할 수밖에 없는 것이 많아서 사회적 전통에 의하여 결정되었습니다.

아동심리학 분야에도 이와 비슷한 사정이 있습니다. 아이들의 인식 형식도 그 미숙성 때문에 어른들과는 달리 혼돈적입니다. 이런 점을 보면 인식의 틀이란 인간이 본래부터 지니고 있었다기보다는 성장이나 교육에 의해 만들어 가는 것이라는 결론이 나옵니다. 그렇기는 해도 칸트가 직관 형식으로 분류한 시간이나 공간의 틀 짜기 등도 아이가 차츰 습득해 갈 수 있는 지적 개념, 즉 생각의 틀이며 기본적인 카테고리라는 사실도 차츰 밝혀지고 있습니다.

그러나 생각의 틀 짜기는 한 번에 완성되진 않고, 주로 학령기 이전부터 초등학교 저학년에 걸쳐서 단계를 좇아 만들어져 갑니다. 그중에는 초등학교 고학년이 되어야만 몸에 배는 틀 짜기도 있습니다.

이처럼 생각의 틀 짜기는 성장이나 교육에 의해서 만들어진다고 보기 때문에 유아 교육에서도 '생각하는 힘(생각의 틀 짜기)'을 강조하는 것입니다.

아이의 수학머리를 키워 주는 수학육아

10

아이는 어떻게 해야 더 잘 배울 수 있을까요?

● 어떤 배움도 처음에는 주변에서부터 이뤄집니다. 여기서 잠깐, 장인들처럼 제자가 스승과 직접 연결되어 하나하나를 지도받고 인정받는 배움 방법인 도제 제도를 예로 들겠습니다. 그런 경우 공동체에 갓 들어온 새내기에게는 중요성이 적은 일을 맡깁니다. 실패해도 크게 문제가 안 될 일, 즉 주변적인 일을 시킨답니다. 말하자면 '틀려도 괜찮은 일'이지요. 하지만 좀 틀려도 괜찮긴 해도 전체 속에서는 역할이 분명한 일이므로 실패하면 그만큼 손해가 발생합니다. 그러므로 실패한 책임이 사라지는 것은 아니고, 다만 그 손해를 쉽게 커버할 수 있는 일입니다. 이를테면 양복점에서 단추를 다는 일 같은 것이 그렇지요.

이런 일은 어떤 학습에서나 가능한 일이지요. 가령 새로운 컴퓨터를 사서 조작하는 법을 익힐 경우, 처음에는 아무리 틀려도 크게 고장날 염려가 없는 부분부터 조작할 것입니다. 만약 처음부터 프로만이 할 수 있는 것을 만졌다가는 회복 불가능한 문제를 일으키게 될 테니까요.

무엇인가 새롭게 배우는 경우에도 비슷합니다. 뭐가 뭔지 의미가 불분명한 개념이나 약속이 도입되었을 때 '이걸 틀리면 어쩌나……' 하고 불안한 상태에서 학습하면 맹목적인 생각이 들 수도 있습니다. '할 수 없다. 일단 통째로 외어 버리자.'고 말입니다. 이게 무슨 뜻인지는 생각할 겨를도 없어지고 맙니다. 그렇게 되면 표면적으로는 배움의 단계가 진행된 것처럼 보여도 진짜로 배움이 이루어지지는 않습니다.

수학에서 뒤처짐은 그런 상황에서 비롯됩니다. 아이가 주변적인 작업에 참여하더라도 그 일이 전체 안에서 어떤 위치에 있는지는 대강 파악하고 있어야만 합니다. 뭐가 뭔지 모르는데 그저 "이것만 연습해라." 하고 주어진 작업은 아무리 해도 배움이 이루어지진 않기 때문입니다.

다시 말하지만 배움이 이뤄지기 위해서는 아이가 자신이 참가하는 일이 전체 안에서 어떤 위치에 있는지 대강은 파악하고 있어야 합니다. 여기서 우리는 '참가'라는 말의 의미를 정리해 둘 필요가 있습니다. 참가란 '사람들과 더불어 무슨 일인가의 공동체 멤버 중 하나로 함께 실천하고 있는 것'을 뜻합니다. 이런 참가가 가능하려면 공동체의 존재가 전제되어야 합니다.

아이의 수학머리를 키워 주는 수학육아

수학도 마찬가지입니다. 무엇인가를 배우는 것은 단지 재미있는 이야기를 듣고 마음에 새기는 데 그치지 않습니다. 뭔가 새로운 세계를 보고 거기에 '참가해 가는' 실감이 중요합니다. 그런데 우리는 흔히 학습할 때 지식을 받아들여 머릿속에 넣어두면 배움이 이뤄졌다고 생각합니다.

더구나 수학을 배울 때 수학자가 연구한 개념을 공부할 뿐 우리 스스로가 '수학을 만들어 가는 것은 아니라'고 생각하기 쉽습니다. 그러나 실은 그렇지 않습니다. 수학을 '알게 되는 일'은 아무리 미숙하더라도 그 나름으로 '수학자가 되는 것'입니다. 이런 경지가 바로 자기가 참가하여 배움이 생기는 경지입니다. 그러므로 배움은 주변으로부터 참가하여 점차 중앙으로 진전해 가야 합니다.

11

아이에게 뭔가를 가르칠 때
재미있고 알기 쉽게만 가르치면 될까요?

● 배우는 일에는 두 가지 접면이 있습니다. 첫 번째 접면은 배우는 사람이 배울 대상을 자기 신체의 일부처럼 다루는 세계입니다. 즉, 알기 쉽다든가 재미있다든가 즐겁다는 말이 실감나고 나아가 자기류의 시각으로 보고 자기 고유의 경험이 자유로이 섞여서 표현되는 세계입니다. 이런 과정은 배움을 만드는 데에 대단히 중요합니다. 그러나 단지 재미있고 알기 쉽게만 해서 되는 것은 아닙니다. 배움에는 또 다른 접면이 있기 때문입니다.

두 번째 접면은 배우려고 하는 대상과 그 '밖'의 세계가 부딪히는 부분입니다. 선행되는 세상에 어떤 변화가 일어나고 그 변화가 사람들과 어떤 연관이 있는가 하는 측면입니다. 배우는 입장에서 자신이 오늘날 과학이나 문화의 중심에서 활동하는 사람들의 다종다양하고 다층적인 움직임에 틀림없이 연관되어 있다는 사실을 엿볼 수 있는 측면입니다.

모름지기 배움터는 아이들 하나하나에게 이 첫째 접면에서 둘째 접면으로 건너가는 다리를 제공해 주어야 합니다. 두 번째 접면의 중요한 점은 지식의 '정통성'을 보장해야 한다는 것입니다. 오늘 배움터에서 배우는 것은 그곳이 아닌 다른 곳에서도 확실하게 정당한 지식으로 통용된다는 감각이 있어야 합니다.

뭔가를 배울 때 기초나 기본이란 무미건조해서 의미나 의의는 잘 몰라도 괜찮다는 생각을 가진 사람이 많은 듯합니다. 그것이 이다음에 어딘가에 쓰이고 또 어딘가에 공헌하는 것을 차츰 알아 가면 족하다고 생각하는 모양입니다.

그러나 그렇진 않습니다. 오히려 무엇인가 배우고 어떤 미지의 세계와 연결되어 "아, 지금까지 몰랐던 세계인데 이것이야말로 진짜 세계와 연결된 것이구나." 하는 실감이 끓어오르고, 비로소 기초의 기초다움이 실감나서 그 소중함을 깨닫게 될 것입니다.

그렇게 볼 때 처음에 무엇인가를 익혀 두면 나중에 가서 그 의미를 알게 되는 것이 기초고 기본이라는 생각은 좀 부족합니다. 배우기 시작하면서부터 자신이 배운 것은 세상에 나가서 사용된다는 각오와 자세를 갖추는 편이 유리합니다. 비록 '단추 달기'일지라도 '이것은 장차 세상 사람들에게 중요한 역할을 한다.'고 실감하고 느끼는 것이 본래의 기초고 기본이어야 합니다.

아이가 그저 재미있고 쉽게만 배우게 하기보다 배움의 진지함과 심각함을 깨닫게 하는 것이 매우 소중한 일입니다. 그러므로 재미있고 쉽게 가르치는 것은 아이가 배움의 길로 들어서는 초입에서는 필요하고 중요하지만 그것만으로 배움을 완성시킬 수는 없습니다.

아이의 수학머리를 키워 주는 수학육아

구체적인 사물을 지칭하는 말이 아닌 추상적인 말을 가르치는 것이 수학 학습과 무슨 관련이 있나요?

● 우리, 잠깐 동안만 최소 어휘밖에 모르는 아이가 되어 다음과 같은 장면을 연상해 봅시다. 엄마는 조금 전부터 방 안을 빠르게 왔다 갔다 하면서 아이에게 무엇인가를 말하고 있습니다. 그러나 아이는 그것이 무슨 말인지 알 수가 없습니다. 다만 억양으로 봐서 엄마가 무엇인가를 가르치려 한다는 것은 깨닫고 있습니다.

아이는 '무슨 뜻일까?' 하고 생각해 봅니다. 아까부터 방 안을 오가며 엄마가 하는 말은 '빠르다'입니다. 아이는 '빠르다'는 말의 의미는 모른 채 '빠르다'는 말의 소리는 들을 수 있습니다. 아이는 그것이 '방 안을 뜻하나?' 하고 생각해 보기도 합니다.

엄마가 또 방 안을 걸어 다닙니다. 이번에는 전과 조금 달라 보였습니다. '화가 났나?' 하는 생각도 들었지만 다시 보니 그건 아닌 것 같습니다. 엄마는 여전히 '빠르다'는 말을 되풀이하고 있습니다. 아이는 '역시 방 안이라는 뜻일까?' 하고 생각해 보다가 '아니면 엄마가 지금 하고 있는 몸짓을 뜻하는 말일까?' 하고도 생각해 봅니다. 그러다 다음 순간, 엄마의 몸짓은 '빠르다'가 아니라 '걷는다'일 수도 있다고 생각해 봅니다.

아이는 엄마 흉내를 내며 '빠르다'라고 해봅니다. 엄마는 활짝 웃으며 고개를 끄덕입니다. 그러자 이번에는 엄마가 '느리다'라고 말하면서 또 걷기 시작합니다. 아이는 뭐가 뭔지 모르는 상태가 되었습니다. 차츰 밖으로 뛰어나가 놀고 싶은 기분이 듭니다. 그런데 엄마가 계속 '느리다'는 말을 되풀이하므로 아이는 그것에 해당하는 물건이 방 안에 있는 모양이라고 생각하고 주위를 휘휘 둘러봅니다. 그래도 그럴 만한 물건은 아무것도 없습니다. 마침내 아이는 난처해집니다.

'빠르다, 느리다' 같은 말의 의미를 아이는 어떻게 배울까요? '빠르다' 같은 추상적인 동작을 아이는 어떻게 이해하게 될까요? 지금까지의 학습 이론으로는 유아가 구체적인 사물을 보거나 만져 보면서 그 인상을 하나하나 말과 묶어서 이해한다고 알려져 왔습니다. 그러나 이런 이론이 '빠르다, 느리다' 같은 추상적인 말에도 해당될까요?

그렇지는 않습니다. '빠르다, 느리다'란 실제로 존재하는 물건이 아니고 '행위'에 관한 것이기 때문입니다. 그러므로 이런 말의 의미를 이해하기 위해서는 구체적인 물건에서 눈에 보이지 않는

아이의 수학머리를 키워 주는 수학육아

추상적인 단계로까지 적어도 두 단계를 올라가야만 합니다. 아이에게서 그것이 어떻게 이뤄지는지를 설명해 보겠습니다.

아이가 '빠르다, 느리다'를 이해할 때에는 기왕에 알고 있는 말이나 동작을 발판으로 합니다. 이같은 말과 동작의 지식을 가지고 있음으로써 비로소 아이는 엄마가 무엇인가를 가르치려고 함을 깨닫습니다. 그렇기 때문에 엄마의 태도에 마음을 집중시키는 것입니다.

"이것 봐라. 엄마는 빨리 걷고 있다."

"지하철이 달리고 있습니다. 빠릅니다."

"거북이는 왜 느리게 기어갈까요?"

이런 대화 가운데서 '엄마가 걷는다', '지하철이 달린다', '거북이가 긴다' 같은 말은 이제 알아야 할 '빠르다, 느리다'란 말과 직접 관계는 없습니다. 그러나 '엄마-걷다'라는 말과 눈앞에서 걷는 엄마의 모습을 근거로 해서 아이는 '아!' 하고 '빠르다'는 말을 깨닫게 되는 것입니다. 이 한순간은 마치 점프를 하는 것과 유사합니다. 아이가 자신의 힘만으로 점프를 하는 순간입니다.

아이가 무엇인가를 배울 때는 기왕에 터득한 조그만 지식에 의지해서 시행착오를 거듭해 가며 발판을 발견하고, 그것을 딛고 점프하여 마침내 이해에 도달합니다. 아이는 이런 요령으로 다음 또 다음 새로운 추상적인 말을 익혀 갑니다. 이렇게 추상적인 말을 배우는 능력은 매우 중요합니다.

수학에서 배우게 되는 말은 여기서 예로 든 말보다 더 추상적입니다. 그러므로 수학의 말은 사물을 지칭하는 말을 배우는 것과는 다른 경로로 배우게 됩니다. 수학이 어렵다고 하는 이유도 여기 있습니다. 그렇기 때문에 아이가 추상적인 언어를 많이 익히는 것은 수학을 공부하는 데도 많은 도움이 됩니다.

아이의 수학머리를 키워 주는 수학육아

13

아이가 수학을 잘하고 못하고가 엄마의 애정과 관계가 있다고요?

● 사실은 엄마의 애정과 아이의 수학 학습만 관계가 있는 것은 아닙니다. 엄마의 애정은 아이의 지적 발달과도 밀접한 관계가 있습니다. 엄마와 떨어진 채 성장하는 아이들의 정신적 발달이 원활하지 못하다는 예는 많은 심리학자들의 연구에서 이미 밝혀졌습니다.

일찍이 공산주의였던 소련(지금의 러시아)에서 개인주의적인 태도를 일소한다는 명목으로 갓난아기를 시설에 수용해서 집단으로 기르는 실험을 한 적이 있습니다. 결과는 대실패였지요. 엄마의 애정을 받지 못한 아이는 편파적인 성품이 되기 쉽다는 것은 프로이드를 필두로 한 많은 정신분석학파 이론을 인용하지 않아도 수많은 실험에서 밝혀진 결과입니다.

아무리 일하느라고 바쁜 엄마라도, 또는 아무리 형편이 어려운 집안의 엄마라도 아이에게 극진하게 마음을 쓰고 좋은 인물로 기르려고 노력한다면 반드시 효과를 거둘 수 있습니다. 반대로 아무리 돈이 많고 유복한 집안이라도 부모의 애정이 빈약하거나 무심하다면 아이는 정신적으로 빈곤하게 자랄 수 있습니다. 요컨대 부모와 자식의 관계는 경제적인 관계나 신분적인 관계와는 상관이 없습니다. 특히 생후 4~5개월쯤이 대단히 중요하여 엄마의 애정에 민감한 시기입니다. 엄마와 잠깐이라도 떨어지면 외로움을 느끼게 됩니다.

그 시기의 아기가 느끼는 외로움은 어른들이 느끼는 외로움과는 다릅니다. 어른들이 느끼는 외로움은 어느 정도는 취향에 따른 것입니다. 외롭다는 생각을 하면서부터 진정한 자신을 알게 되며, 이런 외로움은 반성을 동반합니다. 그러나 갓난아기 시절에는 자기와 남의 구별이 없습니다. 아기에게 엄마는 바로 자기의 일부입니다. 아기와 엄마 사이에는 감정적인 교류가 작동하기 때문에 그것이 끊기면 아기는 끊임없이 정신적인 불안을 느낍니다. 그래서 안정적으로 전면 발달을 이루어 나가지 못할 수 있습니다. 아이를 외롭게 만드는 것은 발달에 브레이크를 거는 행위라고 할 수 있습니다. 3, 4세까지의 아이가 엄마와 헤어지고 또 엄마를 대신할 사람도 만나지 못한다면 감정적 발달이 흩어져서 한쪽으로 기울어진 인간성을 형성할 수가 있습니다. 그렇게 되면 지능 발달조차도 늦어질 수 있다는 점이 증명되었습니다.

한 심리학자가 생후 6개월부터 3~4세까지를 보호 시설에서 생활한 아이 15명과 보통 집안에서 성장한 아이 15명의 지능지수를 조사했습니다. 그들은 모두 10살에서 14살까지의 아이들이었습니다. 그 결과 정상적인 아이들의 평균은 정상 범주인 '100'인데 비해 시설에서 유아기를 보낸 아이의 평균은 '73'이었다고 합니다. 엄마의 애정이 모자라면 감정과 동시에 지능 발달조차도 늦어지는 것입니다.

무엇보다 아기의 인격 형성기에 애정을 듬뿍 주는 노력은 아주 중요합니다. 아이가 외로움에 빠지는 일이 생기게 두면 좋지 않습니다. 시설에서 성장하는 아이의 경우 시설병(호스피털리즘) 증상을 지니게 된다고 합니다. 무표정하고 멍하니 세월을 보내는 태도를 가리키는 말입니다. 이렇게 되면 정신적으로나 신체적으로 발달이 더딜 수가 있습니다. 그런 시설에서도 엄마 대신 유아의 보육에 전심전력하는 사람이 필요한 것입니다.

14

아이가 질문에 엉뚱하게 대답하거나
아무렇게나 대답해 버리는 이유는 무엇일까요?

● 우선 아이가 하는 말을 절대시해서는 안 됩니다. 아이의 대답 중에서 진짜와 가짜를 구별하는 눈을 엄마가 지녀야 합니다. 그러려면 아이의 대답들을 아이의 심리학적인 맥락 속에 대입해 보는 일이 중요합니다. 아이의 사고에 임상법을 적용하여 뛰어난 업적을 세운 스위스의 심리학자 쟌 피아제는 아이의 대답 내용을 다음과 같은 다섯 가지 유형으로 나누고 있습니다.

1 멋대로 하는 대답

아이가 질문에 싫증이 나거나 좋은 대답을 찾지 못했을 때 종종 아무렇게나 대답하곤 합니다. 처음에 머리에 떠오른 대답이 무엇이든 간에 내뱉는 것입니다. 가령 아이에게 "3 더하기 3은 몇이지?" 하고 물으면 "4개.", "10이요.", "100입니다." 하는 식으로 입에서 나오는 대로 대답해 버리는 것입니다.

대체로 아이들은 가까운 어른이 무엇인가를 물어보면 대답을 만들고 싶어합니다. 다만 이 경우처럼 질문에 전연 흥미를 느끼지 못하면 조직적으로 생각해 보고 대답을 만들지 않고 아무렇게나 던지듯이 대답하고 맙니다. 이럴 때는 질문을 중단하는 편이 좋습니다.

2 꾸며 낸 대답

아이는 질문과 약간 관계가 있는 대답을 진지한 얼굴로 즉흥적으로 꾸며 대는 경우가 있습니다. 깊이 생각해 보고 꾸며 내는 대답도 아니고, 또한 정말로 그렇게 생각해서 대답하는 것도 아닙니다. 아이는 꾸며 낸 이야기를 스스로 즐기고 있는 셈입니다. 더러 자신이 하는 말을 스스로 믿는 아이도 있지만 그것은 단지 거기에 끌려들었거나 믿고 싶은 바람 때문입니다.

실제로 아이는 좋은 대답이 떠오르지 않으면 많이 꾸며 댑니다. 특히 까다로운 질문에는 꾸민 대답을 하는 것이 훨씬 편리하기 때문입니다. 그러므로 꾸민 대답은 아이의 사고 내용으로서는 큰 의미가 없습니다.

3 암시당한 신념

아이가 질문에 답하려고 노력할 때 질문에서 암시를 받거나 질문자에게 잘 보이고 싶은 욕심 때문에 대답이 왜곡되는 경우가 있습니다. 암시에는 두 가지 종류가 있습니다.

첫째는 말에 의한 암시로 어른이 어떤 말을 부주의하게 사용할 경우 아이의 사고에 암시를 걸게 됩니다. 가령 아이는 '움직인다'는 말과 '운동한다'는 말을 동의어로 생각하지 못하는 경우가 있습니다. 그래서 '해님은 움직이기는 하지만 운동은 하지 않는다.'라고 주장하기도 합니다. 이런 암시를 피하기 위해서는 아이가 사용하는 어휘를 잘 알고 아이의 말로 질문해야 합니다. 주제에 따라 질문을 하기 전에 아이가 혼자서 하는 말을 잘 들어 보고 암시를 피할 수 있는 어휘를 알아 둘 필요가 있습니다. 그러지 않으면 별로 두드러진 표현도 아닌데 아이에게 커다란 영향을 미치는 경우가 있습니다.

둘째 종류의 암시는 고집에 의한 암시입니다. 아이가 처음 대답을 고집하여 그 선상에서 대화를 계속해 가려는 경우입니다. 때로는 일련의 질문을 이어 갈 때 아이의 고집을 이끌어 내는 경우도 있습니다. 가령 "물고기는 살아 있습니까?", "새는?", "해님은?", "달님은?", "구름은?" 하고 잇달아 물어 가면 처음 대답에 끌려들어서 모두를 "살아 있다."라고 대답할 수밖에 없게 합니다. 이런 암시를 피하기 위해서는 질문을 여러 가지 방면에서 형식을 바꿔 가며 해야 합니다.

4 개발된 신념

아이가 새로운 질문을 받았을 때 한참을 생각한 뒤에 자신의 대답을 찾아내려는 경우가 있습니다. 당연히 이런 경우는 어른의 질문에 의해 영향을 받습니다. 아이는 질문에 따라 어떤 방향을 추리하고 일정한 방법으로 자신의 지식을 조직하기 때문입니다.

말하자면 그것은 명령에 따라해 본 추리의 결과입니다. 그러나 그 추리가 아이의 고유한 지식이나 이미지 또는 아이 고유의 논리에 근거하여 이뤄진 이상 어디까지나 아이 특유의 사고의 산물이기는 합니다.

가령 아이가 보는 앞에서 물이 반쯤 들어 있는 컵 속에 돌을 넣고 수면의 변화를 묻습니다. 수면이 상승한다는 사실을 모르던 아이에게 실제로 돌을 넣어서 수면이 올라가는 것을 보여 준 다음에 그것이 왜 올라갔는가를 물어봅니다. 그러면 아이는 "돌이 무겁기 때문에."라고 말합니다.

이 아이는 수면의 상승 이유를 실험 도중에 생각해 낸 것이지 결코 아무것도 없는 데서 생각해 낸 것이 아닙니다. 즉, 아이 특유의 사고 틀이나 구조에 사고의 방향 또는 사고의 습관 따위를 전제로 얻어 낸 결과입니다.

5 자발적인 신념

아이가 때때로 생각해 본 일이 있는 흔한 질문에 대해서 이미 준

비된 답을 내놓는 경우입니다. 아이는 추리하지 않고 그 자리에서 금방 확신을 가지고 대답합니다. 물론 이전에 받은 교육에 영향받은 답은 이런 종류의 반응에서 제외해야 합니다. 가령 "정민이가 산보하고 있을 때 달님은 무엇을 하고 있을까?" 하고 물으면 아이는 즉각 "나를 따라와요. 나랑 함께 걷다가 멈췄다가 해요." 하고 대답합니다. 이처럼 질문이 막연해도 아이의 대답이 오히려 분명하고 자발적입니다. 즉, 질문이 나오기 이전에 하나의 신념이 자발적으로 만들어져 있기 때문입니다.

아이의 답변을 통해 아이의 사고를 아는 데 가장 의의가 있는 것은 이 자발적인 신념입니다. 개발된 신념도 아이의 사고 방향을 밝힐 수 있는 경우 유익합니다. 꾸민 이야기는 그다지 적극적인 의미는 없지만 아이의 사고를 짐작할 수 있는 몇 개의 눈금은 만들어 줍니다. 그러나 암시된 신념은 질문자인 어른이 바라는 대답만을 아이가 표현한 것이므로 크게 도움이 되지 않습니다. 아무렇게나 하는 대답은 아이가 질문의 내용을 제대로 알지 못한 결과이므로 이 또한 무의미합니다.

아이의 수학머리를 키워 주는 수학육아

15

아이의 사고를 제대로 분류하기 위한 질문은
어떻게 해나가야 할까요?

● 〈질문 14〉에서 소개한 몇 가지 임상법은 항상 다음과 같은 기준을 고려하여 질문을 진행해야 합니다. 그렇지 않으면 아이의 대답을 어떻게 분류할지 헤매게 됩니다.

1 아무렇게나 하는 대답과 암시된 신념의 기준

첫째, 이런 대답은 거의 일시적인 것에 지나지 않습니다. 조금 지난 뒤에 반대 암시를 하면 아이는 금방 정반대되는 대답을 하기도 합니다. 아주 짧은 시간이라도 아이가 자유롭게 말하도록 해보세요. 같은 질문을 간접적인 방법으로만 해도 아이는 동요합니다.

둘째, 이들 대답은 아이가 지닌 사고와는 전혀 관계가 없습니다. 따라서 아이의 대답이 과연 사고 깊은 곳에 뿌리를 두고 있는지를 검토할 필요가 있습니다.

셋째, 이들 대답에서는 같은 연령과 같은 환경 속에 있는 아이들 사이에서 사고 내용에 유사성이 없는 것으로 알려졌습니다. 따라서 다른 질문을 다양한 방식으로 던져 보기를 게을리하지 마세요. 특히 아이들이 아무렇게나 하는 대답은 암시된 신념보다 훨씬 불안정합니다. 아무렇게나 하는 대답은 분기점을 놓쳐 막다른 곳에 몰린 경우에 많이 하게 됩니다.

2 꾸며 낸 대답의 기준

아무렇게나 하는 대답에 비해서 꾸며 낸 대답은 일단 풍부하고 조직화돼 있습니다. 그래서 위 1의 첫째나 둘째 기준은 적용되지 않습니다. 그러나 아무리 반대되는 암시를 해도 아이가 그것을 거스르며 꾸며 낸 대답을 하고, 반대 암시가 강하면 강한 만큼 꾸며 내는 대답도 거기 따라갑니다.

또 아무리 그 반응의 줄거리를 분석하려고 해도 꾸며 내는 대답이 점점 가지를 쳐서 번성해 가기 때문에 결국은 조직적인 신념으로 변하기도 합니다. 그렇기 때문에 꾸며 낸 대답인지 아닌지를 한 명의 아이만으로는 알아내기 쉽지 않습니다. 여러 아이를 통해서 분류해 본 결과 다음 세 가지로 특징을 분류할 수 있었습니다.

첫째, 일반적으로 '꾸며 낸 대답'은 많은 아이가 공통된 대답을 하는 것이 아니고 특정한 한두 명이 대답하는 반응입니다. 다만 예외도 있습니다. 질문이 어느 연령에 맞지 않을 경우 대답을 꾸며 내기가 쉽다는 것입니다.

둘째, 여러 연령대 아이들에게 질문을 했을 때 가장 나이가 많은 아이의 대답과 가장 나이가 적은 아이의 대답이 큰 차이로 나뉘지 않습니다. 즉, 연령대에 따라 점차적인 차이가 난다고 인정할 수 없습니다. 다만 나이가 적은 아이의 대답 속에 더 많은 꾸민 대답이 있습니다. 아이가 처음부터 신념을 가지고 출발한 대답은 사고의 발달과정 단계를 서서히 밟아 발전해 가는 것에 비해서 꾸민 대답은 그렇지 않습니다. 어떤 연령에 이르면 꾸며 낸 대답이 사라져 버리고 다른 유형의 반응으로 변하는 것입니다.

셋째, 만약에 아이의 대답이 꾸며 낸 대답이 아닌 경우에는 그 대답 속 사고 내용은 그 뒤를 이어서 막다른 데까지 갑니다. 가령 제1단계의 아이가 "저 호수는 어른이 파서 물을 부은 거야."라고 대답했다고 가정해 봅시다. 이런 종류의 인공론적인 답은 많은 아이에게서도 발견되고 꾸며 낸 대답이 아니라는 것을 알 수 있지만, 다시 둘째 단계의 아이가 되면 "빗물이 산에서 흘러내려서 호수가 파진 거야."라고 말합니다. 여기서도 제1단계의 인공론적인 사고 방법이 약간은 남아 있지만, 다시금 "호수는 전적으로 자연의 힘으로 만들어지는 것이다."라고 주장하게 됩니다.

3 자발적인 신념과 개발된 신념의 기준

이 두 가지 신념을 구별하기란 좀처럼 힘듭니다. 양쪽이 다 암시에 저항하고 아이의 사고 안에 뿌리를 두고 있습니다. 또 같은 연령대 아이들에게서는 공통된 것이 발견되고 돌연히 소멸하는 것이 아니고, 수년 가까이 계속되는 경우도 있어서 점점 감소해 가는 것입니다. 그러다가 주변 어른의 지식에 융합되어 버리는 경우도 있습니다. 가령 아이에게 "밤은 어디에서 오지?" 하고 질문했을 때 조금 주저한 다음 "시커멓고 커다란 구름이 밤을 만들러 와요."라고 대답했다고 가정해 보세요. 이것은 자발적인 신념에 근거한 것일까요?

아이들 중에는 "왜 구름은 움직일까?" 하고 물으면 "밤을 만들기 위해서예요."라고 대답하는 아이가 많으므로 밤을 구름으로 설명하는 것은 분명 자발적인 것입니다. 그러나 한편 아이는 그 자리에서 설명을 생각해 낸 것으로 보이기도 합니다. 이런 점에서는 개발된 신념으로 분류할 수도 있습니다. 이런 구별을 확인하기 위하여 아이들에게 "이런 문제에 대해 생각해 본 일이 있는가?"라고 물어봐야 소용이 없습니다. 아이들은 기억력도 반성력도 흐리기 때문에 이런 질문에는 대답할 수 없습니다. 그래서 어른들과의 임상적인 대화 말고 일상적인 행동이나 태도를 객관적인 관찰을 통해 보충하지 않으면 안 됩니다.

16

아이에게 공부를 가르칠 때 무엇보다 대화가 잘 안됩니다. 아이의 말문을 열기 위해서는 어떻게 해야 할까요?

● "어른들은 숫자를 좋아하는 법이다. 여러분은 어른들에게 새 친구에 대해 말할 때, 그 어른들이 본질적인 것에 대해 물어본 적이 있는가. '그 애 목소리는 어떠니? 그 앤 어떤 놀이를 좋아하니? 나비를 모으지는 않니?' 하는 따위를 물어보는 법이 없다. 그러는 대신 '그 앤 몇 살이니? 형제는 몇이고? 몸무게는? 아버지 수입은 얼마니?' 따위만 묻는다.

만약에 어른들에게 '장밋빛 벽돌로 지은 예쁜 집을 봤어요. 창에는 제라늄 화분이 있고 지붕에는 비둘기가 있었어요.'라고 말해서는 어른들은 그 집이 어떤 집인가를 생각해 내지 못한다. 그들에게는 '백만 프랑짜리 집을 봤어요.'라고 말해야 한다. 그러면 '야, 참 좋구나….' 하고 소리를 지른다."

이상은 생텍쥐페리의 《어린 왕자(김현 역)》 중의 한 구절입니다.

부모와 자녀 사이의 문제가 제기될 때마다 으레 나오는 처방전이 있습니다. 그것은 대화입니다. 그러나 모든 대화가 다 만능이진 않습니다. '어린 왕자'의 지적처럼 어른들은 늘 아이와는 다른 관심사를 가지고 있게 마련입니다. 더구나 늘 각박한 현실을 마주하고 있는 부모 세대의 사고는 아이의 생각과 많이 다를 수 있습니다. 자신이 어린 시절에 어떤 생각을 했었는지도 물론 잊어버린지 오래이고요.

시대마다 그 시대의 고민은 있습니다. '호강에 겨워 투정을 한다.'는 기준은 어른이 된 부모들의 옛날에 비춰진 것일 뿐입니다. 그 말이 아무리 옳아도 지금의 아이들에게는 이해가 안 되는 말일 뿐입니다. 이런 식의 대화는 아이와 가까워지기 위한 대화는 아닙니다.

"이게 파워레인저니? 멋있게 생겼구나. 엄마 어렸을 때는 만화영화 피카추가 유행이었지. 그런데 그때는 이런 장난감은 없었는데, 요건 쪼그만데도 비싸다."

"엄마, 그렇지만 이건 불이 빤짝빤짝 하잖아. 아빠가 그러는데 여기 건전지가 들어 있대. 건전지가 뭐야?"

"으응, 건전지는 불이 켜지게 하는 힘을 내는 약 같은 거야. 네 앰뷸런스 자동차도 약 바꿔 끼웠잖아? 자동으로 가는 것은 이런 건전지를 넣어 주고 갈아 주어야 힘을 낼 수가 있단다."

이렇게 되면 아주 얕은 수준이지만 지적 대화가 시작된 것입니다. 아이가 관심을 가질 수 있는 것을 찾아 단서를 마련하고 점차 단계를 올려 대화를 이어 갈 수도 있습니다. 아이에게는 이런 과정을 통해 지적인 파이프가 뚫리는 것입니다. 어른의 생각으로 보지 않고 아이의 생각을 가지고 접근하면 이런 파이프의 단서를 찾을 수 있습니다.

17

세 살까지 아이의 지적 발달 수준을
알고 싶습니다

● 지적 발달이라는 말은 지능에 관한 것입니다. 인간의 지능에는 두 가지가 있습니다. 하나는 태어날 때 타고나는 것입니다. 이것은 환경에 적응하며 살아가기 위한 지능입니다. 이 지능은 원시인이나 현대인이나 별 차이가 없습니다. 또 하나는 이 타고난 지능이 문명사회라는 환경과 교섭하면서 생겨나는 지능입니다. 이 지능은 원시인과는 비교도 안 되는 큰 차이가 나는 지능입니다. 앞의 것을 생물학적 지능이라고 하면 뒤의 것은 문명적 지능입니다. 우리가 지적 발달을 이야기할 때의 지능은 이 문명적 지능을 말합니다. 이 문명적 지능을 높이기 위해서 우리는 교육을 받습니다.

여기서 우리가 주목할 것은, 아이들은 타고난 생물적 지능을 원동력으로 하여 교육을 위해 만들어 놓은 환경과 스스로 교섭하고 문명적 지능을 키워 간다는 사실입니다. 여기서 말하는 교육적

아이의 수학머리를 키워 주는 수학육아

환경에는 비의도적 환경과 의도적 환경이 있습니다. 비의도적 환경은 무엇을 가르치겠다는 목적이 없는 자연 그대로 구성된 것입니다. 아이들은 이 비의도적 환경으로부터 배움을 시작합니다. 그런 다음엔 그렇게 배운 것을 바탕으로 해서 문화적 환경에 적응할 수 있도록 구성된 의도적 환경과 교섭하여 문명을 배우게 됩니다.

의도적 환경은 목적이 있는 것인데, 그 목적 때문에 늘 교육의 의도가 과잉됩니다. 이 과잉은 타고난 생물적 지능에 해를 입히기도 하고 기껏 성장시킨 문명적 지능도 망가뜨립니다. 어린 시절의 교육 과잉은 평생에 영향을 줄 만큼 피해가 클 수 있습니다.

모든 부모는 자식에 대한 기대가 높습니다. 이것은 선생님들도 마찬가지입니다. 그것이 어느 시대이건 배우는 아이들에게는 부담이 되는 것입니다. 이 부담이 공부를 하게도 하지만 잘 못하게도 합니다. 여기서 제시하고 있는 지적 발달의 수준은 과잉되지 않은 아주 평범한 환경에서 자라는 아이들의 것으로 세계 공통으로 평균적인 것입니다. 어린 시절의 지적 수준은 인종에 따라 우열이 없고, 단지 환경의 차이가 있을 뿐입니다. 인종의 우열이 있다는 것은 인종주의자들의 편견에서 온 것입니다.

과욕을 부리지 않고 이 수준보다 아이의 수준이 높다면 그것은 기쁜 일이고 좋은 일이지요. 이럴 때 우리 아이가 너무 웃자라는 건 아닌가 걱정하는 것이 현명한 부모이고 선생님입니다. 아인슈타인도 에디슨도 어려서 수학 성적이 좋지 않았다고 합니다. 세계적 철학자 비트겐슈타인은 공업전문학교를 다녔고 비행기를 제작하는 공장에서 일하다가 수학의 필요성을 알고 공부를 시작해서 철학자가 되었습니다. 앞으로 아이들이 살 세상은 우리가 살고 있는 세상과는 크게 다르고, 그들은 우리보다 오래 살 것입니다.

아이들에게 적합한 지적 수준을 언급할 때마다 늘 우려가 됩니다. 각 지식 내용이 품고 있는 지력(智力)이 너무 중요하고 크기 때문입니다. 지력은 지적 수준을 높여가는 성장선(成長線)입니다. 수준을 생각할 때마다 아이들의 성장선인 지력의 형성에 대해 늘 고민하게 됩니다. 나무를 키우는 사람은 나무를 전지할 때 성장 가지는 살려 두고 곁가지만 자르는 것처럼 교육하는 사람도 마찬가지입니다. 아이들의 곁가지는 자르되 성장 가지는 잘 살려 두어야 하는 것입니다.

〈질문 17, 18, 19〉번의 대답을 보면서 이런 상상을 해보시기 바랍니다. 우리는 말도 전혀 다르고 사는 방법도, 주변 환경도 전혀 다른 나라에 혼자 가서 살자면 무엇을 할 줄 알고 무엇을 배워야 하는지, 그리고 그것을 배우는 기간은 얼마나 걸릴지를 걱정하고 생각하게 됩니다. 마찬가지로 우리 아이들은 아무 준비 없이 엄마 배 속에서 쫓겨나 제 힘으로 이 세상을 살아나가야 합니다. 시인 홍사용은 "나는 눈물의 왕이로소이다."라는 시에서 "나는 십왕전(十王殿)도 쫓겨난 왕이로소이다."라고 하였습니다. 어린 아기는 그 왕일지도 모릅니다.

아이의 지적 발달은 우선 첫째로 '말의 발달'을 들겠습니다. 한 살에서 세 살까지는 아이의 지능 발달이 커다란 비약을 겪는 중요한 시기입니다. 이 시기에는 언어 발달이 현저해지고 특히 물건의 이름에 대한 흥미가 강해서 보는 것, 들리는 것, 손에 닿는 것마다 이름을 외우려고 합니다.

이것은 물건과 물건의 공통되는 특징을 추상적으로 이해하는 능력(개념 형성)이 성장하기 때문이며, 이 능력이 앞으로의 지적 활동에 가장 기초가 되기도 합니다. 두 살에서 세 살이 되면 "아빠는 회사에 갔다.", "나 과자 줘."와 같이 세 개의 단어를 연결해서 말할 수 있게 됩니다. 또 그림책을 보고 동물이나 몸 주변의 물건 이름을 무성하게 말하게 되고, 찻잔이나 컵 등의 용도를 말할 수 있게 됩니다.

그림책에 대한 흥미도 강해지고 자꾸만 읽어 달라고 조르기도 합니다. 그러면서 문자에 대해서도 조금씩 흥미를 나타내기 시작합니다. "이게 뭐야?"를 연발하며 물건 이름을 자꾸만 알아 두고 싶어합니다. 또 자신을 '나', '내가' 하며 지칭해서 말하게 됩니다. 자기라는 관념이 확실해진다는 뜻입니다.

다음으로는 '공간·시간·수의 이해력'을 들겠습니다. 이맘때면 몸을 자유롭게 움직일 수 있고, 갖가지 물건을 보고 듣고 기억하게 됩니다. 그러기 위하여 아이는 주변 일들을 이해하는 데 필요한 공간·시간·수 등을 이해하기 시작합니다.

공간 : 아이가 공간을 이해하는 첫걸음은 물건의 크기를 이해하는 것으로 시작합니다. 두 살 반 정도의 아이는 선의 길고 짧음을 알고 원의 크고 작음도 알게 됩니다. 두 살에서 세 살이 되면 원, 삼각형, 사각형 등을 구별하고 실제로 써먹을 수 있게 됩니다.

시간 : 시간은 공간만큼 확실하게는 이해하지 못합니다. 두 살 반이 되면 '오늘'이라든가 '어제' 같은 말이나 '먹었다', '먹는다', '잔다' 따위의 전후관계를 알 수 있게 됩니다. 이런 시간 개념의 이해는 어린 시절부터 항상 규칙적으로 반복되는 생활을 하면 서서히 생겨나게 됩니다. 아이는 아침에 일어나서 아침밥을 먹고 밤이 되어 잠자리에 들기까지를 매일 반복하는 경험을 통해 시간이 무엇인지를 알아가게 됩니다. 그러나 이 나이대 아이는 아직 아는 단어가 몇 개 없기 때문에 완전히 이해하는 데까지는 이르지 못합니다.

수 : 수란 물건 집합의 크기입니다. 유아가 수를 이해하는 출발점은 많은 물건의 무더기를 느끼는 일에서 비롯됩니다. 이 무더기의 느낌은 한 살 반쯤부터 알게 됩니다. 예를 들면 두 개가 있던 것에서 한 개를 감추면 적어진 것을 압니다. 이 나이의 아이는 '한 개'와 '많이'의 차이를 압니다.

하나·둘·셋 같은 수사를 말하는 것은 세 살쯤 되어야 합니다. 그러나 수를 말로 되뇌는 일은 가능해도 실제로 물건을 세는 일은 어려우므로 이것은 더 늦어집니다. 그러면서도 엄마가 말하는

'3과 5'나 '4와 6' 같은 두 가지 수를 흉내 내어 똑같이 복창하는 일은 아주 일찍부터 할 수 있습니다.

마지막으로 '사고의 발달'을 들겠습니다. 유아가 무엇을 생각하는 방법은 어른과 다른 면이 있습니다. 유아는 특정 물건이나 행동에 의해서 무엇인가를 생각합니다. 그러므로 특정 사물을 떠나서 추상적으로 사고하기란 아주 어렵습니다. 가령 '멍멍'이라는 말은 일반적인 개를 뜻하는 것이 아니라 특정한 '바둑이'나 '복슬이'를 뜻하는 것입니다.

또 하나의 특징은 자기중심적으로 사고한다는 점입니다. 사물을 모두 자기중심, 자기본위로 생각합니다. 예를 들면 눈에 띄는 것은 모두 자기 것이라고 생각하기도 하고 혼잣말을 자주 하기도 합니다.

18

세 살에서 네 살까지의 지적 발달 수준을 알고 싶습니다

● 우선 첫째는 일반적 특징을 들겠습니다. 세 살에서 네 살까지의 1년 동안은 아이의 발달에 있어서 가히 황금시대입니다. 그리고 독립을 향한 첫걸음을 내딛는 시기이기도 합니다. 이 시기 눈에 띄는 특징은 첫째, '자기'라는 의식이 확실해진다는 점입니다. 지금까지는 부모와 일심동체 관계였는데 이때부터는 자신의 의지와 생각을 강하게 주장하기 시작합니다. 그리고 반항도 하게 되므로 이 시기를 '제1반항기'라고도 합니다.

둘째, 지능의 발달이 눈부시게 일어나서 주위의 일이나 물건 이름을 알려고 할 뿐만 아니라 그 원인이나 결과를 스스로 발견하려고 합니다. 그래서 '왜', '어째서'라는 질문을 많이 하기 때문에 '제1질문기'라고도 합니다.

셋째, 같은 또래 아이에게 강한 관심을 나타내며 대등한 입장에서 놀이를 창조하는 시기입니다. 이 놀이를 통해서 지능도 비약적으로 신장하게 됩니다.

다음으로는 언어의 발달을 들겠습니다. 언어가 급속하게 발달하여 대체로 네 살까지 말하는 언어는 어느 정도 완성됩니다. 두 살에서 세 살경까지는 나열식 문장이 많지만 세 살에서 네 살이 되면 "목이 마르니까 물을 마신다."는 정도의 말을 하게 됩니다. 말하자면 '목이 마르니까'라는 종속문과 '물을 마신다'는 주문으로 이뤄진 문장을 말할 수 있게 됩니다. 우리말은 토씨가 좀 어려운 편이어서 그런 부분에서는 다소 틀리고 혼선을 일으키기도 할 것입니다. 어휘의 수도 세 살에서 네 살까지 눈에 띄게 증가합니다.

언어는 수 교육의 기초가 되기도 하는 아주 중요한 분야이므로 공을 들여 가르쳐야 합니다. 언어를 가르치는 데 있어서 주의할 점은 첫째, 아이의 환경을 풍부하게 하여 경험을 풍요롭게 만들어 주는 일입니다. 둘째로는 아이와의 대화를 통하여 올바른 언어를 가르치도록 항상 신경을 써 주는 일입니다.

다음으로는 '공간·시간·수의 발달'을 들 수 있습니다.

공간 : 이때가 되면 선의 길고 짧음을 확실히 알게 됩니다. 또 세 개의 물건 크기도 알게 됩니다.

그리고 다음 그림과 같은 기하도형들을 분별하게도 됩니다. 또한 이때가 되면 위치 관계를 분별할 수 있게 됩니다. '위·아래', '앞·뒤', '왼쪽·오른쪽', '안·밖' 같은 것을 알게 됩니다.

시간 : 세 살쯤 되면 '나중에'라든가 '아까'와 같은 과거와 미래 같은 개념을 조금씩 알게 됩니다. 조사에 따르면 아이가 '어제'라 든가 '내일' 같은 개념을 알게 되는 것은 세 살에서 세 살 반쯤부 터입니다.

'어제'란 한 밤 자고 난 뒤 앞의 날이라는 것을 배울 수 있게 되 고, '내일'이란 한 밤 자고 난 다음 날이고 '모레'는 다시 한 밤을 자고 난 뒤의 날이라는 것을 가르치면 아이가 잘 이해할 수 있습 니다.

어떤 학자들에 의하면 오전과 오후를 알게 되는 것은 네 살, 날짜와 요일을 알게 되는 것은 다섯 살 때이고 그런 다음 시간과 달, 계절을 차츰 알게 된다고 합니다.

수 : 세 살 내지 네 살이 되면 TV나 책, 게임 등에 아주 강한 관심을 갖게 되고 수에 관한 것도 발달하게 됩니다. 현대에 와서 는 여러 가지 환경 변화로 옛날에 비하여 수를 일찍 익힌다고 합 니다.

아이의 수학머리를 키워 주는 수학육아

마지막으로 지능 발달을 들 수 있습니다. 세 살이 되면 밤과 낮의 구별이나 자기 물건과 남의 물건 구별도 분명해집니다. 또 기억력도 발달하고 들은 일, 자신이 한 말, 형체가 없는 것까지 기억합니다. 네 살이 되면 원을 그릴 수 있게 되고, 간단한 종이 접기나 가위로 종이를 오리는 일을 할 수 있게 됩니다. 또 블록을 열 개 이상 쌓아서 탑을 만들 수도 있습니다.

　　이처럼 세 살에서 네 살이 되면 지능의 발달에 일관성이 생깁니다.

19

네 살에서 다섯 살까지의 지적 발달 수준을
알고 싶습니다

● 우선 첫째로 일반적인 특징을 들 수 있습니다. 네 살에서 다섯 살 정도가 되면 가장 두드러진 특징으로서 무엇이나 자기가 생각하고 궁리하려는 욕구가 생깁니다. 또 엄마가 하나하나 지시하고 명령하지 않아도 스스로 생각하고 스스로 놀이를 창조하고 머리를 쓰는 일을 아주 좋아하기도 합니다.

두 번째 특징으로는 언어의 발달이 특별히 빨라져서 갖가지 일에 흥미와 관심을 갖고 의문을 지녀 질문이 많아집니다. 특히 '왜' '어째서' 따위 원인과 결과에 대한 예리한 추구를 하려고 드는 시기입니다. 이른바 '제2의 질문기'라고 불리는 시기입니다.

세 번째 특징은 무엇이나 제 눈으로 보고 제 귀로 듣고 제 손으로 만져서 확인하는 '스스로 경험하고 싶은' 욕구가 강력하게 일어나는 시기입니다. 호기심이 강하고 제 스스로 하지 않으면 승

복하지 않습니다. 신변의 일도 거의 제 스스로 할 수 있게 됩니다. 동생이 있으면 동생도 돌보려 하고 심부름도 적극적으로 합니다. 그런가 하면 바다나 산 등 환경이 다른 곳에 대한 흥미도 강해지고 여행도 좋아하게 됩니다.

네 번째 특징은 문자나 수에 대한 관심이 높아져 스스로 배우려는 의욕이 끓어오르는 시기입니다. 따라서 그림책도 아주 좋아하게 됩니다. TV에 나오는 문자나 숫자에도 강하게 관심을 갖습니다.

다음은 언어의 발달입니다. 이 연령에 이르면 어휘의 수는 현저하게 늘어서 대체로 2천 단어 정도를 알게 됩니다. 그리고 이때쯤 되면 일상적인 소통이 될 만큼 대화하는 법이 성숙합니다. 그래서 말하기를 좋아하게도 됩니다. 그러면서 아기 같은 말투를 쓰지 않게도 되며 '그래서', '그러니까' 같은 논리적 접속사도 사용하여 말합니다. 따라서 '왜', '어째서', '어떻게' 같은 질문이 많아지기도 합니다. 그러므로 말하는 법을 발달시키기 위해서는 좋은 책을 읽게 하고 잘 들어 주는 일도 중요합니다. 특히 아이의 질문에는 잘 이해하도록 쉽고 성의 있게 대답해 주어야 합니다. 요컨대 좋은 책과 좋은 환경을 조성해 주는 것이 특히 이 시기에 긴요합니다.

다음은 '공간·시간·수의 개념'에 대한 것입니다.

공간 : 이 시기에는 물건을 분별하는 능력이 발달하여 단순한 모양이나 크기, 방향 등을 구별할 수 있습니다. 갖가지 기하 도형

의 분별은 3~4세쯤에 되기도 하지만 조금 복잡한 크기의 분간, 방향의 구별 등은 4~5세가 되어야만 가능합니다. 특히 방향을 분간하는 일이 어렵습니다. 그래서 아이에게 그림을 그리게 하면 거꾸로 그리거나 가로로 그리기도 합니다. 글자도 'ㄷ'을 'ㅋ'으로 쓰기도 하고 '8'을 뉘어서 '∞'로 쓰기도 합니다. 문자나 숫자를 읽도록 가르치더라도 쓰는 일은 너무 서두르지 말고 방향을 분간할 수 있게 된 뒤에 가르치면 좋습니다.

시간 : 시간에 대해서는 일반적으로 어렵기는 하지만 그래도 이 연령이 되면 '어제·오늘·내일' 정도는 대체로 알게 됩니다. 학자들의 보고에 의하면 '오전'이나 '오후'는 네 살쯤에서 알게 되고 '날'이나 '요일' 등은 다섯 살에 알게 되며, '시간'이나 '달', '계절' 등은 그 이후에 서서히 알게 된다고 합니다. 그러나 시간도 12시나 3시, 8시 같은 간단한 시각은 다섯 살쯤에도 알게 됩니다. '주'라든가 '년' 등은 유아가 확실한 개념으로 알기는 어렵지만 TV의 영향도 있어서 무슨 요일의 몇 시부터 어떤 만화영화가 시작되는지 따위로 생활 속의 시간을 알게도 됩니다.

수 : 수를 조직적으로 배운 아이는 대체로 다섯 살이 되면 100까지의 수를 말할 수 있고 물건을 셀 수 있습니다. 그리고 10 이내의 덧셈, 뺄셈도 할 수 있습니다. 나이에 대한 개념도 생겨서 세 살 이상이 되면 대개의 아이가 자기 나이를 말할 수 있습니다. 숫자를 읽는 것에 관해서는 네 살 된 아이의 반 수쯤은 10까지 읽을

아이의 수학머리를 키워 주는 수학육아

수가 있고, 다섯 살이 되면 50 정도의 숫자를 읽을 수 있습니다. 수를 쓰는 것은 네 살에 10까지 쓸 수 있는 아이가 약 40%, 다섯 살에 반 수의 아이가 쓸 수 있게 된다고 합니다. 그러나 수에 대한 공부를 조직적으로 의미 있게 한 아이는 그 이상도 할 수 있습니다.

돈의 구별도 네 살에는 5백 원이나 천 원을 알게 되고, 다섯 살이 되면 5백 원 이하의 물건 사기 정도를 40%의 아이가 할 수 있습니다. 그러나 이런 것들은 아이에게 얼마나 경험을 시키느냐에 따라 차이가 있게 마련이고, 경험이 없으면 할 수 없는 일이라는 사실을 기억하시기 바랍니다.

마지막으로 기억의 발달을 들 수 있습니다. 이 무렵 나이에는 말이나 수 이외에도 지능 면에서 기억의 발달이 활발해집니다. 그래서 간단한 문장 기억이 가능하고 네 개의 숫자를 복창할 수 있습니다. 이를테면 "우리 집에는 커다란 시계가 있습니다." 같은 문장이나 '5, 9, 2, 7' 같은 숫자를 예로 들 수 있습니다. 그런가 하면 집안이나 유치원 같은 데서 있었던 일도 기억해서 이야기할 수 있게 됩니다. 또 지식도 풍부해져서 색깔이며 동식물 이름도 대부분 판별할 수 있고 생활용품의 이름이나 용도도 이해할 수 있습니다.

이처럼 네 살에서 다섯 살에 걸친 나이에는 급속하게 지능이 발달합니다. 그러므로 이 시기는 아이의 흥미에 맞는 지능학습을 이끌어 주면 아주 효과적인 나이입니다.

20

아이의 연령에 따라 노는 것과 공부 비율을
다르게 해야 한다고요?

● 아이는 놀면서 배웁니다. 놀이가 너무 재미있어서 재미를 익히다가 배우고, 너무 재미없어서 재미를 찾다가 배웁니다. 재미있었던 일은 잊히지 않고 잊히지 않은 기억은 다른 지식을 익히는 데 지식이 되어 줍니다. 놀면서 '이렇게 하면 저렇게 되겠구나.'를 추리한 아이는 공부하면서도 그런 기지를 발휘할 수 있습니다.

놀 때면 눈이 반짝반짝 빛나고 기민하고도 재기 넘치는데 공부나 심부름 같은 의무적인 일을 시키면 눈이 풀리고 흥미 없는 얼굴이 되어 버리는 아이가 있습니다. 이럴 때 엄마는 '노는 데나 눈이 반들반들하지 공부 좀 하라면 애가 영 딴 아이가 되고 만다.'고 한탄합니다. 그러나 놀 때 빛나는 눈은 공부할 때도 빛날 수 있습니다. 흥미를 유발할 방법을 연구하면 충분히 가능합니다.

초등학교 3학년인 현준이가 어느 날 아빠와 함께 TV를 보고 있었습니다. 삼국지의 관운장이 등장하는 '홍부전'이었습니다. 제비가 가져다 준 박씨를 키워 부자가 된 아우 홍부를 흉내 내어 제비 다리를 부러뜨리고 얻은 박씨로 박을 수확한 놀부가 드디어 박을 탔는데 그 속에서 관운장이 나와 놀부를 꾸짖는 대목입니다. 그 장면을 보다가 현준이가 한마디를 했습니다.

"관운장은 원래 '미염공'인데 수염도 없게 분장을 시키다니…."

아빠는 아들의 말에 놀라 물었습니다.

"미염공이 뭐니?"

"수염이 아름다운 장수라는 뜻이지요."

그때부터 부자의 '삼국지'에 대한 대화가 시작되었습니다. 삼국지에 등장하는 여러 이야기가 술술 흘러나오는데 현준이의 삼국지 파악은 명료하고 가히 원숙했습니다. 그러나 바로 그다음 날 현준이는 만화영화를 보며 끼들끼들거리느라 시험은 안중에도 없다고 엄마에게 야단을 맞고 있었습니다. 그것도 몇 번이고 보고 또 본 만화영화였습니다.

"어떤 때는 그렇게 멀쩡한 녀석이 저럴 때 보면 제 나이보다 영 어리단 말이야…."

그렇습니다. 아이들은 이렇게 여러 가지 면에서 불균형할 수 있습니다. 어떤 건 앞서고 어떤 일에는 발육부전 상태인 것이 성장기 아이의 특징입니다. 이런 불균형이 조화를 이뤄가도록 하는 것이 교육의 목표이기도 합니다. 그 과정에 놓여 있는 아이들은 어쩔 수 없이 들쭉날쭉할 수밖에 없습니다. 어쨌든 아이에게 있어 '노는 일'은 절대로 무의미하지 않습니다.

다만 놀이와 공부는 적당한 비율로 조화되어야 합니다. 젖먹이 아이의 경우는 10%만 놀아도 되지만 2~3세 이상은 90% 놀고 10% 공부하고, 3~5세는 70% 놀고 30% 공부하고, 5~7세는 65% 놀고 35% 공부하고, 7~9세는 50% 놀고 50% 공부하고, 9~12세는 40% 놀고 60% 공부하고, 12~17세는 35% 놀고 65% 공부하고…. 이렇게 노는 일을 체험해 가야 합니다.

아이들은 나이가 들수록 적은 체험으로 다른 체험하지 못한 일들을 더 많이 상상하고 유추할 수 있게 됩니다. "6학년이 돼서도 그렇게 놀기만 하면 되니?" 하고 나무라기보다는 "6학년쯤 되었으면 몸만 써서 놀지 말고 두뇌 플레이를 해보렴. 컴퓨터 왕이 될지 누가 아니?" 하고 말투를 바꿔 보는 것도 좋습니다.

그렇다고 해서 덮어놓고 "놀아라. 놀아라."라고 하는 것은 무책임합니다. 놀기만 하고 공부건 의무건 무시해도 되는 일은 없습니다. 자기 앞에 닥치는 의무나 사명은 감내해야 하는 것이 인생을 살아가는 기본이며, 아이들도 그것을 알고 성장해가야 합니다. 실제로는 놀기만 해서는 안 된다는 것을 아이들도 다 알고 있습니다. 그런데 어른이 놀기만 권하면 아이들은 자신에 대해 뭔가를 포기했다는 느낌이 들어 의욕을 상실하게 됩니다.

반면 아주 어릴 때부터 학원, 특기 공부 등으로 항상 쫓겨 다

아이의 수학머리를 키워 주는 수학육아

니는 아이는 걷잡을 수 없는 어른으로 성장할 수 있습니다. 대학생이 되어 처음으로 노는 맛을 알게 되어 '햐아! 노는 게 이렇게 재미있구나.' 하고는 노는 데 빠져들 수도 있습니다. 홍역 마마처럼 노는 일도 일생에 한 번쯤 어김없이 찾아옵니다. 홍역을 무사히 치른 아이가 그걸 고비로 신체적·정신적인 전환점을 겪는 것처럼 노는 것도 비슷합니다. 뒤늦게 대학생이 되어 노는 맛을 알게 된다면 공부 비중을 제일 높여야 할 시기에 놀이에 빠지는 결과를 맞게 됩니다. 이 나이가 되면 엄마의 브레이크 같은 것은 별로 소용도 없습니다.

그나마 노는 맛을 대학 때 알게 되는 사람은 다행일지도 모릅니다. 한눈 한 번 안 팔고 대학을 졸업하고 취직하고 결혼해 순조롭게 살아오다가 상당한 나이가 되어 문득 '내 인생은 이게 뭔가…' 하는 회의가 들어 엉뚱한 길로 새기도 합니다. 그래서 중년 가출, 40대 점잖은 신사의 치한성, 가정주부 도박 같은 고약한 증상이 단조로운 소년기를 보낸 사람들에게서 나타나는 경우도 많다고 합니다.

21

선생님과 엄마의 관계는 어떤 것이
이상적일까요?

● 선생님과 엄마의 관계는 그렇게 어려울 것도 없지만, 그렇다고 간단하지도 않습니다.

"엄마, 우리 새로 오신 선생님 참 예쁘다. 내일 수업 참관 날이라고 엄마 오시래요." 학교에서 돌아오면 그날 일을 보고하느라 책가방도 내리기 전에 재잘거리는 아이들이 있습니다. 이런 아이의 말을 받아 "선생이 예쁘면 뭘 하니, 잘 가르쳐야지. 학교엔 또 뭘 하러 오랜다니? 학교서 오라면 반갑지 않다." 하고 시큰둥한 얼굴을 하는 엄마가 있습니다. 그러나 이런 반응을 보였을 경우, 엄마는 손해를 안 볼지 몰라도 정작 아이는 보이지 않는 손해를 입은 것입니다.

선생님이 새로 오면 당분간 아이와 선생님은 적응기를 가져야 합니다. 이 시기가 아이에게는 매우 중요합니다. 엄마도 아이와 함께 적응기를 가져야 합니다. 아이에게 '예쁜 선생님'이 얼마나 매력적인지를 엄마는 알아야 합니다. 외모가 예뻐서 아이에게 '예쁜 우리 선생님'이 되는 것은 아닙니다. 아이에게 '예쁜' 것은 친화감을 나타내는 것입니다. 선생님이 예뻐서 마음에 드는 아이는 수업 시간도 즐겁게 마련입니다. '잘 가르치는 일'은 '잘 배우는 일'과 직결된다는 것을 아는 엄마가 진짜 똑똑한 엄마입니다.

똑똑한 체하는 엄마 중에는 이런 엄마도 있습니다. "우리 애 담임은 글렀어. 보니까 벌써 서툴러. 내가 보면 알지. 잘못 걸린 것 같아." 스스로 자기 잘난 맛에 사는 이런 엄마들은 아이가 곁에서 듣건 말건 '틀려먹은' 선생님에 대한 비판이 준열합니다. 그 피해가 아이에게 몽땅 가는 것도 아랑곳하지 않고 말입니다.

입이 잰 시누이가 올케를 헐뜯고 싶은 심술 때문에 멀쩡한 솜씨를 '아이고 촌스러워! 이거 한참 구식이야!'라고 해버리면 아내를 끔찍이 사랑하는 남편일지라도 머릿속에 그 말의 영상을 만들어 보게 마련입니다. 그리고 그 영상은 은연중에 작용합니다. 하물며 순백색 도화지 같은 아이의 영상에 누가 먼저 물감을 들이면 그것은 쉽게 지워지지 않습니다. 더구나 엄마라는 절대적인 영향력자가 행사한 채색은 도무지 지워지지 않습니다. 분별없는 엄마의 '잘못 걸렸다'는 푸념은 아이에게도 '잘못 걸렸음'을 확신시켜 버립니다. 잘못 걸린 선생님의 가르침에 아이가 신뢰감을 가질 리가 없습니다.

배운다는 것은 참으로 섬세하고 미묘해서 가르치는 쪽에서 보내는 전파보다 받는 쪽의 수용 태도가 더 중요한 역할을 합니다. 유능한 스승의 문하에서 반드시 가장 유능한 제자가 나오는 것은 아닙니다. '좋은 선생님이 걸리는 것'에 신경을 쓰기보다는 아이가 '좋은 학생'이 되도록 힘쓰는 일이 훨씬 득입니다.

새 선생님의 좋은 점을 성의 있게 파악해서 아이가 듣는 데서 조금 과장하여 해석해 주어도 좋습니다.

"선생님이 얘기를 아주 재미있게 하시더라. 공부도 잘 가르치시겠어." 하고 관심을 보이면 "우리 선생님이 얼마나 목소리가 좋다고…" 하고 아이는 자랑이 한참 갑니다.

"젊은 선생님이라 그런지 아주 부지런합디다. 열성적이고 성실한 선생님이라 가르치기도 잘 가르칠 거야."

아빠 엄마가 이런 이야기라도 나누면 아이는 저희 선생님에 대한 자부심이 생겨 안도하는 마음으로 공부도 열심히 하게 됩니다.

이런 일화가 있습니다. 생물학의 권위 있는 학자가 하루는 초등학교에 다니는 아들에게서 질문을 받았습니다. 어떤 벌레에 관한 것이었는데 아들이 학교에서 배운 내용에 약간의 오류가 있었습니다. 아이는 선생님의 수업에서 잘못을 느끼고 집에 돌아와 아버지에게 확인 차 질문을 했습니다.

질문을 받은 아버지는 신통해했습니다. 어린 아들의 생물 지식이 거기까지 이르렀다는 사실이 기뻤습니다. 그러나 학자 아버지

아이의 수학머리를 키워 주는 수학육아

는 내색을 하지 않았습니다. 다만 "글쎄다. 어디 보자. 나도 아름 아름하는 게 좀 헷갈리는데. 아빠가 좀 찾아보고 다시 이야기를 나눠 보자." 하고 확답을 미뤘습니다. 그러고 나서 아버지는 아들의 선생님에게 메일을 썼습니다. 선생님이 착오를 일으킨 부분을 바로잡는 내용이었습니다. 자신의 권위보다는 아들이 저희 선생님을 믿게 하는 일이 더 중요했기 때문입니다.

이 아버지가 이 일로 해서 거둔 이익은 많습니다. 아들이 선생님을 우습게 여기지 않게 만든 점, 아무리 학자라도 확인 없이는 초보적인 지식조차 함부로 피력하지 않는다는 것을 아들에게 보인 점, 선생님은 조금 틀릴 경우도 있지만 그것을 정당하게 교단에서 다시 정정하는 태도도 좋다는 것을 아들이 알게 한 점. 그리고 그런 과정을 통해서 아이가 맛본 조용한 우월감과 자신감.

만약에 아버지가 어린 아들의 이야기를 듣고 그 길로 "야, 너희 선생 형편없구나. 어떻게 어린 너만도 못하니. 그래 가지고 뭘 가르치겠니?" 하고 오만한 대답을 했더라면 잃는 것이 더 많았을 것입니다.

이 일화만 보더라도 어느 쪽이 정말 잘난 부모인지는 여실히 드러납니다.

22

부모는 아이에 대한
'평가'를 어떻게 받아들여야 할까요?

● 아이가 학교에 가기 시작하면서 엄마가 가장 갈등을 겪는 부분은 누가 뭐래도 아이에 대한 평가입니다. 자녀에 대한 좋은 평가지는 엄마를 행복하게 해주고 반대로 나쁜 평가지는 엄마를 불행하게 만듭니다. 태산이 무너진 듯이 암담함을 맛보기도 하고 때로는 희망에 부풀게도 만드는 것입니다. 이 평가라는 '요물'을 엄마들은 다스릴 줄 알아야 합니다.

교육 전문가들은 이렇게 말합니다. "아이의 점수에 연연하지 마라. 점수로 아이를 구속하지는 더더욱 마라." 현실적으로 분명히 엄마들이 집착할 수밖에 없는 일을 이렇게 훌륭한 말로 신칙하면 엄마들은 더욱 스트레스를 받습니다. 그렇다면 왜 그런 충고가 나왔을까요? 집에서 보면 충분히 똑똑한 내 아이가 이웃집의 어리숙한 소영이만 못한 점수를 받아옵니다. 그럴 때면 엄마는 속에서 자근자근 치밀어 오르는 것을 느낍니다.

"평가 방법이 틀렸어. 어리숙한 소영이나 잘 풀 수 있는 문제를 내놓고 우리 지민이처럼 지능이 높은 아이를 시험하려 들다니?"

그래서 경솔하게도 "시험 문제를 잘못 낸 것 같다. 무슨 문제를 이렇게 냈다니?" 하고 아이가 보는 데서 오기를 부리는 엄마도 있습니다. 그러나 이건 잘못된 태도입니다. 비록 평가 문제가 온당하지 않을지라도 이런 태도는 아이에게 해롭기만 합니다.

선생님들은 어떤 경우든 선생님으로서의 전문성을 지니고 있습니다. 그런 확신이 없다면 선생님께 아이를 맡기지 말아야 합니다. 더구나 평가에 대한 불신을 아이에게 은연중 심어 주는 폐해는 해로울 뿐입니다.

태환이 아빠는 전형적인 수재형입니다. 그런 태환이 아빠는 태환이가 학교 공부를 어떻게 하고 있는지는 별로 관심이 없었습니다. 태환이의 공부에 대한 책임은 엄마가 맡고 있었고, 태환이는 항상 1등을 했기 때문에 아빠는 당연하다고만 생각하고 있었습니다. 그런데 아빠는 어느 날 아주 이상한 일을 목격합니다. 태환이 공부를 지도하는 엄마가 '답이 틀리면 1대씩 맞기' 방식을 실시하고 있었습니다. 태환이가 달달 외었든 찍어서 풀었든 아니면 이리저리 궁리를 해서 풀었든 과정은 관심이 없고 '틀리면 1대 맞기'만 밀고 나가는 것이었습니다. 그것에 대한 엄마의 주장은 "어쨌든 답은 하나다. 하나로 결판이 난다. 인생도 그런 거니까 답만

맞추면 된다."였습니다.

이 고집스럽고 굳건한 엄마의 주장에 아빠는 가슴이 꽉 막혔습니다. 태환이 아빠의 경험으로는 자기의 수재성을 키워 준 것은 '방법을 불문한 답'이 아니라 '답을 얻을 수 있었던 방법, 즉 문제 추구의 과정'이었기 때문입니다. 어째서 실패했나를 알아보기 위해서 '실패'는 중요합니다. 푸는 방법을 구조적으로 파악하지 않고도 평가를 위한 정답을 쓸 수 있는 문제가 있으나 아이의 실력을 정확하게 진단하기 위해서는 답을 찾아내기까지의 과정이 더 중요합니다. '점수에 얽매이지 마라.'는 말의 뜻은 거기에 있습니다.

시험 문제를 하나라도 틀리면 몸달아하며 속상해하는 아이가 의외로 많습니다. 이런 아이의 엄마 중에는 그것을 자랑으로 아는 엄마도 적지 않습니다. "우리 아이는 올백이 아니면 분해서 막 울어요. 요전에 본 시험에서도 올백이었어요." 하고 의기양양해합니다. 바로 그 엄마의 의기양양한 모습 때문에 아이의 점수 집착이 강해지는 것입니다. 조바심쟁이가 되고 협소한 관심으로 창의력을 발휘할 가능성이 줄어들고 관용적이지 못한 성품이 될 뿐인 것이, 이 점수 집착입니다. 그리고 좀 자라서 점수 집착증에서 깨어나면 모든 점수에서 완전히 도피하려는 역현상이 생기는 것도 이런 아이들입니다.

평가란 아무리 발달된 방법이라도 완전할 수는 없습니다. 더구나 수십 명의 아이를 한꺼번에 돌봐야 하는 선생님으로서는 개개의 아이를 정당하게 평가할 수 있는 방법이 거의 없습니다. 그러므로 점수는 완전히 믿고 매달려 집착할 만한 방법이 아닙니다.

학습평가를 하는 것은 아이의 학습 수준을 진단하는 데 의미가 있고, 또 한편으로는 어디에 잘못이 있는가를 알아내는 한 수단입니다. 학습 내용 중 어디가 어째서 틀렸는지를 가려내서 원인 치료를 하는 데 도움이 되게 하면 평가의 목적은 끝납니다.

철이가 틀린 사회문제에는 이런 것이 있었습니다.

아주 간단한 짐을 나르는 데는 다음 중에 어느 것이 좋은가?

① 손수레 ② 비행기 ③ 배 ④ 트럭

이 중의 정답은 ①번이었습니다. '우리 고장'이라는 단원의 범위에서 나온 월말 고사였기 때문입니다. 그러나 철이는 ②번이라고 썼던 것입니다. 그래서 이유를 물어 보았더니 이렇게 대답했습니다.

"만약에 외국에서 온다면 비행기가 좋을 것 같아서."

점수는 1점쯤 깎였을지 몰라도 철이의 상상력은 퍽 넓게 활동한 셈입니다. 이럴 경우 엄마가 해줄 일은 우선 철이의 상상력을 칭찬해 주고 난 다음에 시험에 응하는 태도를 지도해 주는 것입니다.

정답을 곧장 찾아낸 경우보다 시행착오를 몇 번 겪어 아이 스스로 해답을 찾아낸 것이 지식을 정확하게 터득하는 데 도움이 됩니다. 그런 뜻에서 '백 점만 받는 아이'도 약점이 있습니다.

2

5세 전에 키워 줘야 할
수학의 기초

아이에게 복잡하고 어려운 수학을 쉽게 가르치는 방법은?
수학 교구는 무엇을 어떻게 골라야 하나?
수 감각과 수 개념이 강한 아이로 키우려면 어떻게 해야 할까? 등등
수학의 기초를 단단하게 다져 줄 핵심 교육법을 알려 드립니다.

23

유아기에 수학교육을 해야 하는 이유는 무엇인가요?

■ 우리는 누구나 우리 아이들이 건강하고 정서가 풍부하며 지적으로 훌륭하게 성장하기를 바랍니다. 특히 성장하기를 바라는 지적 능력들 가운데 수학적 능력은 생활하는 데 대단히 중요합니다.

수학적 능력을 키우는 수학은 이론을 거듭거듭 쌓아올려서 발전시켜 가는 지극히 체계적인 학문입니다. 이론이란 우리들이 흔히 원리 법칙이라고 부르는, 기본 규칙들을 모아 엮어 놓은 것입니다. 그러므로 규칙들을 이해하고 그것을 거듭거듭 쌓아 가는 능력을 발달시키면 사물을 접할 때 조리를 세워 생각하는 능력이 커집니다. 이러한 능력은 모든 공부의 기초가 되며 또 공부를 끈기 있게 해나갈 수 있는 힘이 됩니다.

아이의 수학교육은 앞으로 키워야 할 지적 능력의 기초를 마련하는 일입니다. 그러므로 유아 수학교육은 어린이 교육의 전체

중 일부를 이루고 있으면서, 또 교육의 전체 모습을 만드는 데 매우 중요한 역할을 합니다. 다시 말하면 유아기 아이의 수학교육은 모든 공부의 가장 기초가 될 터전을 만들어 줍니다.

24

어렵고 복잡한 수학을 고생스럽지만 공부해야 하는 이유는 무엇인가요?

■ 유아기에 시작한 '수학 공부'는 초등학교에서 중학교와 고등학교로 그리고 대학까지 따라다니게 될 것입니다. 도대체 어째서 이다지 기나긴 시간을 수학이라는 과목은 아이들을 따라다니는 것일까요? 왜 그렇게 오랜 동안 빼놓지 않고 배워야 할까요? 만약에 필요가 없는 것이라면 과감하게 그만둬 버리는 편이 낫겠지요. 그러나 그렇게 할 수 없는 것이 수학교육의 피치 못함입니다. 수학은 이제부터 나가 적응해야 할 세상에서 없어서는 안될 지식이므로 교육에서 제외시킬 수 없는 과목입니다. 그뿐만이 아닙니다. 수학의 교육이나 내용은 양과 질을 함께 끌어올리려는 것이 세계의 일반적인 경향입니다.

세계 각국이 그처럼 수학교육에 역점을 두는 것은 막연한 이유 때문이 아닙니다. 보다 절실한 이유가 있습니다. 수학교육을 강화시키지 않으면 이른바 일류국가를 유지할 수가 없기 때문입니다. 왜냐하면 이제부터의 세계는 지금까지와 비교해서 더욱더 수학을 필요로 하는 세계가 될 것이기 때문입니다. 예를 들어 일본의 대도시에 있는 신호등 같은 경우, '38초만 기다려 주십시오.'라는 표시가 나오는 곳도 있습니다. 이처럼 '잠깐만'을 '38초'로 정확하게 세분해서 수량화해 가는 것이 세계의 추세입니다.

이런 수치는 절대로 대강대강 적당히 정하는 것이 아닙니다. 그 지점의 교통량을 정확하게 통계 내고 그런 수량으로 신호를 바꿔야만 교통 흐름도 적절할 수 있다는 연구 끝에 정한 수치입니다. 도시 행정을 하는 사람들은 대부분 이과 계통을 전공한 사람들이 아니게 마련입니다. 그래도 상당한 수준의 수학적 능력을 필요로 하는 것이 이런 일을 담당한 공직자의 역할이기도 합니다. 법학이나 경제학 등을 전공한 사람들이 더 많게 마련이지만 그들에게도 수학적 능력이 더욱더 필요해지는 것이 앞으로의 추세입니다. 그렇다는 것은 앞으로 점점 더 집단화되고 대량화되는 사회생활을 보다 원활하게 운영해 가기 위해서는 '수'라는 새로운 언어가 필요해지기 때문입니다.

회사에서도 수학이 대대적으로 쓰이는 시대가 되었습니다. 지금까지처럼 수지 결산을 위해서만 수학이 필요한 것은 아닙니다. 고객을 관리하고 정보를 마련하고 장래의 사업계획을 세우는 데 모두 수학이 필요합니다. 그러므로 취직을 하려는 사람은 이과 계통이 아니라도 누구나 수학적 능력에 더 많은 평가를 하는 시대가 왔습니다. 그리고 컴퓨터 시대는 기본적으로 수학에 기초를 두고 있습니다. 그러니 수학에 약한 사람은 인문계로 가면 된다는 생각은 이제 옛말입니다.

혹시라도 아이가 수학을 싫어하게 된다면 장차 진로는 지금까지보다 훨씬 좁아지고 말 것입니다. 그러지 않아도 학교생활 전반에서 수학은 따라다니게 마련입니다. 수학을 싫어하는 아이는 그만큼 손해를 볼 수밖에 없습니다. 그런데 아이가 수학을 싫어하게 만들지 좋아하게 만들지는 초등학생 시절 교육에 달린 경우가 대부분입니다. 이 초등학생 시절 교육은 취학 전에 이루어지는 유아교육에 크게 영향을 받습니다. 그 점을 미리부터 염두에 두는 것이 엄마가 할 일입니다.

유치원에서 고등학교까지의 수학교육을 간단하지만 선명하게 파악하고 싶습니다

■ 수학의 시작은 당연히 '1, 2, 3, 4……'라는 수입니다. 이것은 '자연수'라든가 '정수'라는 명칭으로 구별되어 불리기도 하지만 어떻든 어떤 수학교육도 이 자연수에서 출발합니다. 인류가 아직 미개한 시대에 처음으로 생각해 낸 수는 이 자연수였습니다. 여름철 나무 열매를 얼마나 저장해 두어야 겨울을 날 수 있는가 하는 문제에 부닥쳤을 때는 어떻게든 열매의 수를 헤아려야 했습니다. 그런 때에 필요한 것은 '1, 2, 3, 4……'라고 하는 자연수였습니다.

또 자기가 기르고 있는 양을 이끌고 들판에서 풀을 뜯게 한 뒤 돌아오는 길에는 몇 마리인지 헤아려 보아야 했지요. 하나하나 세어 보고 길을 잃은 양이 있으면 찾아와야 하니까요. 그러려면 처음부터 양의 수를 알고 있어야 하고 또 돌아올 때에는 숫자를 점검해 보아야 합니다. 그럴 때 필요한 것이 자연수입니다. 커다란 수의 이름을 가지고 있지는 않더라도 어떤 미개한 민족이라도 어떤 수단으로든 수를 세는 법을 알고 있습니다. 이런 자연수가 없이는 사람이 생활을 할 수 없기 때문입니다.

아이가 수학을 공부할 때도 이 자연수로부터 시작합니다. 자연수로 할 수 있는 가장 쉬운 계산은 더하기입니다. 더하기를 할 수 있으면 모든 자연수를 만들 수가 있습니다. '1+1=2', '1+1+1=3'… 이렇게 1을 더해 나가면 어떤 자연수도 만들 수가 있는 것입니다. 또한 더할 셈을 거꾸로 하면 뺄셈이 됩니다. 이처럼 자연수는 +, -라는 두 가지 연산(계산하는 방법)을 지닌 자연수의 모임입니다.

이 더하기를 같은 수로 거듭하면 곱하기가 됩니다. 곱하기도 이렇게 자유롭게 되므로 자연수에는 +, -, ×라고 하는 세 가지 연산이 가능한 것입니다. 다만 작은 수에서 큰 수는 뺄 수가 없습니다.

그런데 이런 자연수는 하나하나가 흩어져 있는 것을 셀 때에만 가능합니다. 하나의 방에 모여 있는 사람 수 또는 책상의 수를 '하나, 둘, 셋…' 하고 셀 때에는 자연수의 역할이 가능하지만 양동이 안에 있는 물의 양을 잴 때에는 가능하지 않습니다. 물은 하나로 연결되어 있기 때문에 '1, 2…' 하고 셀 수가 없기 때문입니다. 또 이런 물건을 셀 때는 반 도막을 나타내는 수도 필요합니다. 그것이 분수나 소수입니다. 그런 것으로 수를 얼마든지 세분화할 수가 있습니다. 이 같은 자연수, 소수, 분수 등의 수에 대해서 +, −, ×, ÷라는 연산이 행해지는 것이 대개 수학이라는 학문의 범위입니다.

그러나 수학의 응용이 널리 확대되면서 이런 정도 수로는 모자라게 되었습니다. 그래서 '마이너스'라는 새로운 수가 필요하게 된 것입니다. 또 1이라든가 2라든가, $\frac{2}{3}$ 같은 하나하나의 수만이 아니라 어떤 수도 취급할 수 있는 a, b, c …… x, y, z 등의 문자가 사용되기도 합니다. 이런 문자의 수학이라고 할 수 있는 새로운 수학을 대수라고 합니다. 이것은 중학교나 고등학교 때 공부하는데 이 시기 대수의 주된 일은 방정식을 풀 수 있게 하는 것입니다.

수학에서도 변화나 운동의 관계를 연구할 필요가 있는데, 두 개 이상의 수가 서로 관련되어 변하는 경우를 생각할 필요가 생기는 것입니다. 이런 것을 함수라고 합니다. 이 함수의 성질을 연구하기 위하여 생각해 낸 것이 미분적분입니다. 이것이 고등학교 수학의 중심이 됩니다.

수나 양과 함께 커다란 극이 되는 것은 도형입니다. 그 도형의 학문을 기하라고 합니다. 초등학교에서도 저학년부터 도형이 나오므로 기하는 일찍부터 공부해 가는 셈입니다. 다만 처음에는 도형을 그리고 분류하는 정도만 하다가 차츰 도형을 요소에 따라 구분하는 방법을 배우게 됩니다. 삼각형을 변, 각, 꼭짓점으로 나눠서 보고 역으로 그것을 조합해서 삼각형이나 사각형을 만들기

아이의 수학머리를 키워 주는 수학육아

도 하면서 공부하는 것입니다. 이런 일들은 다음에 오는 논증을 배우기 위한 시작이기도 합니다.

논증에서는 도형의 한 성질에서 다른 성질이 논리적인 방법으로 도출될 수 있습니다. 이것이 중학교에서 배우는 기하의 중심이 됩니다. 그리고 고등학교에서는 대수나 미분적분의 계산을 이용하여 도형의 성질을 연구합니다. 이것이 해석기하입니다.

이상의 내용들이 초등학교에서 고등학교까지 배우는 수학의 대강이라고 할 수 있습니다.

26

취학 전 아이에게 숫자를 외우게 하는 것이
중요한가요?

■ 취학 전 아이를 둔 엄마들은 '아이가 수를 몇까지 셀 수 있을까'에 신경을 씁니다. 일반적으로 두 살은 2까지, 세 살은 3까지, 네 살은 4까지의 수사를 욀 수 있고 5~6세가 되면 10까지, 아니 더러는 50이나 100까지도 욀 수 있게 된다고 합니다. 그러나 수사를 욀 수 있다고 해서 수의 개념이 제대로 형성되었다고 할 수 있을까요? 이 문제는 수의 발생과 깊은 연관이 있으므로 먼저 그 부분을 생각해 볼 필요가 있습니다.

독일의 유명한 신경생리학자인 헬름홀츠는 수의 출발을 의식의 흐름에서 찾았습니다. 우리의 의식은 시간 속에서 하나의 계열을 형성하여 흘러갑니다. 그래서 이 계열의 각 요소들을 첫째, 둘째… 하는 식으로 세어 가는 사이에 수가 생겨났다고 말합니다. 그는 이렇게 수를 인간의 내부 경험에서 끌어내려 했습니다. 그런 점에서 그는 경험설의 입장을 띠고 있습니다. 그러나 수와 시간이 직접적인 관계를 갖는다고 생각하는 점에서는 칸트의 선천설에 기초를 둔 것이라고 할 수 있습니다.

칸트는 수도 시간도 일직선의 흐름에 있다는 사실에 주목하고 시간이라는 감성적 직관 위에 수라는 개념을 기초 지었습니다. 그러나 시간이라는 것은 원시적으로 직관할 수 있는 것은 아니어서 논리적인 사고를 전제로 하고 있습니다. 시간 인식은 수 인식이 출현한 뒤에 처음으로 만들어집니다. 아니 적어도 동시에 완성된다고 할 수 있습니다. 그러므로 수 인식이 시간 인식보다 나중에 온다는 말은 성립되지 않습니다. 게다가 수를 시간에다 근거를 두게 해도 다 해봐야 10이나 12에 불과하므로 그 이상의 큰 수는 설명할 수가 없습니다.

그런 까닭으로 수의 최초 형식은 '순서수'라고 하는 주장은 동시대 수학자에 의해 발전되긴 했지만 이것이 수학교육에 도입되고 보니까 수창주의 교육 방법이 되었습니다. 수창주의는 수학교육은 수를 차례로 외는 일부터 가르치면 된다는 주장입니다. 수 개념은 수사를 외게 하는 학습에 의해서 길러진다는 생각이지요. 지금의 조부모 세대가 초등학교를 다닐 무렵만 해도 아이들이 학교에 가기 전에 '10까지 셀 줄 안다'느니 '100까지 셀 줄 아는 신동이다'느니 하며 화제가 되곤 했습니다. 그런 것을 기억하는 어른들은 아직도 자기 아이가 수사를 외는 것에 민감할 수 있습니다.

27

숫자 세기 이외에 수 개념에 대한 교육방법은
무엇이 있습니까?

■ 수창주의가 주장되는 한편에서는 수의 최초 형태는 '집합수'라
는 주장도 있었습니다. 집합수란 집합(물건의 모임)의 크기를 나타
내는 것입니다. 이것은 경험비판론이라는 다소 어려운 이론을 취
하는 학자들의 주장으로 그 이론은 이렇습니다.

"추리란 경험적인 외부의 현실을 머릿속에서 이미지화하여 재
현하고 그것에 대하여 일종의 사고 실험을 행하는 것이다. 그러므
로 수는 공간 안에서 물건의 모임을 시각적으로 직관하는 것에서
출발한다."

이런 주장의 이론을 수학교육에 적용한 것이 이른바 직관주
의이고 그 이론을 바탕으로 수 개념을 가르치기 위해서는 다음
과 같은 수도(數圖·그림 참조)를 이용하는 방법이 있다고 주장했습
니다. 수창주의와 함께 수를 여러 형태로 표현하여 수의 시각적인

<図> 수도의 예 : 같은 수를 나타내는 여러 가지 방법

3	●●●	⠢●	●●●	△	人
4	●●●●	⠣⠣	●●●	□	十
5	●●●●●	●●●●●	●●●●●	⬠	✳

직관을 길러 주는 지도방법이 병행되어 왔습니다. 그렇다고 집합의 직관만으로 수 개념이 나오진 않습니다. 아이들은 물건을 늘어 놓는 방법을 아주 조금만 바꿔도 그 집합의 수까지 변했다고 생각해 버립니다. 같은 수의 과자라도 접시 한 개에 모아 놓은 것보다 여러 개에 나눠 놓은 것이 더 많다고 생각하는 것입니다.

사실은 수를 공간적인 것을 통해서밖에 보지 못하는 사고는 아주 원시적이어서, 미개인들이 이런 방법으로 셈을 합니다. 가령 오스트레일리아 원주민 아비폰족은 야생마를 사냥하고 돌아온 사람들에게 "말을 몇 마리나 잡아왔소?"라고 묻지를 않고 "잡아온 말떼가 어느 자리를 채울 만큼이었소?"라고 묻는다고 합니다. 그들은 수사가 없이 사는 부족이므로 공간적인 직관력은 아주 뛰어났습니다. 사냥을 떠나기 전에 말에 올라 주위를 휘 둘러보고 많은 개들 중 한 마리라도 보이지 않으면 금방 알아채고 부른다고 합니다. 이런 종족 사람들은 수사를 가르쳐 주면 그 취급 방법에서 매우 당황한다고 합니다. 수사는 배워서 욀 수 있지만 수효를 셀 때면 노상 혼란을 일으킨다고 합니다.

결국 수 개념이 정착되려면 수사를 순서 정연하게 셀 수 있는 조작 방법도 수 집합을 올바르게 직관할 수 있는 작업도 다 필요한 것입니다. 그러나 그것만이 충분한 조건은 아닙니다. 그렇다면 어떤 조건이 충족되어야만 수 개념을 진정으로 마련해 낼 수 있을까요? 그것이 다음에 오는 의문일 것 같군요.

아이의 수학머리를 키워 주는 수학육아

아이의 수 개념 형성을 위해 무엇을, 어떻게 가르쳐야 할지 구체적인 방법을 알고 싶어요

■ 좀 긴 설명이지만 참고 읽어 주시기 바랍니다. 이 부분은 아이의 수 교육을 위해 엄마나 선생님들이 기억해야 할 매우 중요하고도 깊이 있는 부분이기 때문입니다.

1대 1 대응 조작

네 살배기인데 성균이는 10도 못 세지만 친구 미영이는 20을 셉니다. 성균이가 산수를 못하는 아이가 되는 것은 아닐까 싶어 성균이 엄마는 몸이 달습니다. 더구나 "우리 미영이는요. 더하기도 해요. 머리가 기가 막혀요." 하면서 의기양양해하는 미영이 엄마를 만날 때면 성균이 엄마는 속이 상해 죽을 지경이지요. 이런 경우는 드물지 않습니다.

그러나 성균이 엄마의 걱정이나 미영이 엄마의 과시는 별 의미가 없습니다. 그맘때 아이는 대개 수를 그냥 달달 외고 있을 뿐 물건을 세는 데까지 연결 짓지 못합니다. 수의 개념은 추상적이기 때문에 그렇게 쉽사리 정착되지 않습니다.

흔히 어른들은 수학 잘하는 아이와 숫자를 잘 세는 아이를 동일시하지만 실상은 그렇지 않습니다. 언어와 함께 교육의 양대 주축이 되는 수학은 수가 무엇인지를 이해하는 것에서 시작해야 합니다. 20세기를 빛낸 인류의 대표적인 과학자 아인슈타인이 물건 값 계산에는 아주 서툴렀다는 일화는 너무도 유명합니다. 아이에게 수의 개념을 정착시켜 줄 방법으로는 정확한 어휘의 전달과 훈련으로 충분합니다.

일상생활 중에는 수와 관계되지 않은 언어가 거의 없습니다. 열까지 못 세는 것은 조금도 걱정할 일이 아닙니다. 그보다는 물건 하나에 셈 하나를 짝 맞추어 나갈 줄 알게 하는 '1대 1 대응'이 더 중요합니다.

아이에게 콜라 병과 뚜껑, 컵과 빨대, 꽃과 꽃병 등 하나에 하나씩을 짝짓게 하는 일을 게임처럼 거듭하게 합니다. 식탁 위에서 숟가락과 젓가락을 짝 맞추어 보게 하고 밥그릇과 뚜껑 또는 밥그릇과 국 대접을 찾아서 맞춰 보게 하는 일은 수학을 공부하는 바탕이 됩니다.

"숟가락 하나에 젓가락은 두 짝이 있구나."

"식구들은 똑같이 숟가락 하나씩을 가지고 있지?" 하고 거듭하다가, 어느 날 하루쯤 식구 수보다 많은 숟가락을 식탁 위에 놓아 봅니다. 아이가 그걸 보고 "엄마, 이건 누구 숟가락이지?" 하고 여분의 숟가락을 알아챈다면 4~5세의 아이가 100까지 센 것보다 더 기특한 일입니다.

엄마가 "아, 그렇구나! 식구 수보다 한 벌이 많구나!" 하며 그것을 발견한 일을 대견해하며 칭찬해 주면 아이의 자신감은 커집니다. 특히 이럴 때 엄마가 조심할 점은 '한 벌'이라는 어휘입니다. 몇 개가 모여 세트를 이루는 것에 아이의 인식이 가도록 정확한 어휘로 표현해야 합니다.

10미만이라도 수를 세게 되면 수 하나에 물건 하나씩을 짝지어 세도록 시킵니다. 그럴 때 아이는 하나, 둘, 셋…만을 후딱 세어 나가느라고 물건 짝 맞추기는 건성으로 지나가는 수가 허다합니다. 그렇다고 "바보야! 그런 게 어딨니? 이것도 세야지…." 하고 나무라지 마십시오. 다정하게 손으로 짚어 주며 자상하게 일러 주는 편이 훨씬 효과적입니다. 멀쩡하게 수를 잘 세던 아이도 때론 아주 어리석어 보이는 짓을 합니다. 다섯 개의 비스킷을 한 그릇에 담아 주는 것보다 두 그릇에 나눠 주는 것이 더 많다고 생각하는 식입니다. 수를 이렇게 공간적인 것을 통해서밖에 보지 못하는 현상은 아이로서는 지극히 당연한 일입니다.

다섯 살 난 소영이는 20까지를 소리 내서 씩씩하게 셀 줄 아는데도 일곱 개의 동전과 일곱 개의 과자가 "같구나!" 하고 말하면

"아냐, 틀려. 과자는 작은 일곱 개야." 하고 우깁니다. 이럴 때 엄마는 소영이를 두고, '머리가 나쁜가?'라고 생각할 수도 있지만 사실은 아닙니다. 구체적인 물건을 보면서 그 물건이 지닌 성질을 모두 생각하고 수의 개념만을 추상하는 일이 어린아이에게 그리 쉬운 일은 아니니까요.

대응 조작이 어느 만큼 진행되면 그것을 등치성(동등성)과 연결할 수 있어야 수의 개념을 발전시키는 데 도움이 됩니다. 그러기 위해서는 수를 하나하나 짚으며 세어 나가다가 끝나는 숫자가 전체의 수를 나타내는 것임을 이해시켜야 합니다.

"몇 개 있나 세어 보자. 하나, 둘, 셋… 여섯, 일곱. 그래 일곱 개구나." 하는 정도에서 그치면 됩니다. "이런 걸 일곱 개라고 한다, 알았니?" 어쩌고 하는 것은 효과도 없고 의미도 없습니다. 이어서 차츰 동전 다섯 개나 컵 다섯 개가 똑같은 '5'의 요소를 가지고 있다는 것을 깨닫게 해줘야 합니다.

"동전도 다섯 개, 컵도 다섯 개, 똑같구나." 하고 말하면 "아냐, 컵은 크잖아. 동전은 컵 속에 다 들어가잖아. 이것 봐…." 하며 엉뚱한 소리를 하는 아이도 있습니다. 이럴 때는 서두르지 말고 "동전을 두 개만 치워 보자. 몇 개 남았지?" 하고 유도합니다. 아이는 "하나, 둘, 셋. 세 개." 하고 대답할 수 있습니다. 그러면 엄마는 다시 "컵도 두 개만 치워 보자. 몇 개 남지?", "세 개.", "그래. 똑같이 세 개가 남았지?" 하고 답해 주면 됩니다. 이런 방법으로 물건 개

수의 변화를 이용해서 수 개념을 파악시키는 방법도 있습니다.

분류의 조작

모두가 몇 개인가를 알아보는 것이 집합의 개념입니다. "밥상 위의 그릇이 모두 몇 개인가 세어 보자." 하고 밥그릇, 간장 종지, 국 대접 따위를 모두 셉니다. 그것이 밥상 위의 집합입니다. 이렇게 찻잔도 하나, 귤도 하나, 꽃도 하나 하고 수사를 붙일 수 있다는 것을 알게 된 뒤에는 아이가 모든 것을 구별 없이 마구 세기만 하는 경우도 있습니다. 그럴 때는 세는 짓이 신통하다고 보고만 있어서는 안 됩니다. 유아기부터 '유별(종류에 따라 나누어 구별함) 훈련'이 반드시 필요합니다.

실례로 지능이 지체된 아이들의 시설에서 그릇 닦기를 시켰을 때 일입니다. 그릇을 말끔히 씻는 작업이 끝났을 때, 일대 혼란이 일어났습니다. 아이들이 그릇과 뚜껑을 못 맞추었기 때문입니다. 하나를 맞춰 보고 도로 놓고, 또 맞춰 보고 도로 놓고…. 뚜껑을 찾아 맞추는 일은 정상 지능을 갖지 못한 사람에게는 어려운 일입니다.

새 종류만 세어야 할 때 거기 있는 동물 모두를 세어 버리거나, 생물을 세는데 식물은 제외해 버리는 일을 자라서도 계속하는 아이가 있습니다. 유아기부터 유별 훈련이 필요한 것은 이때문입니다. 분류하기는 수 개념을 정착시켜 수학에 강한 아이를 만드는 기본입니다.

아이들은 무엇이든 모으기를 좋아합니다. 어른이 곁에서 "에비다! 에비!" 하고 겁을 주기 전에는 아이들은 징그럽다거나 무섭다는 생각을 처음부터 가지지는 않는다고 합니다. 귀뚜라미도 한 움큼씩 잡아 모으고 벌레도 꼬물꼬물 모아 놓습니다. 이 모으기 좋아하는 아이들의 특성을 이용해서 분류 훈련을 시킬 수 있습니다.

"자동차끼리만 모아 보자.", "공깃돌만 몇 개가 되나 세어 볼까?", "개미만 몇 마리니?" 또는 밥상의 '집합'을 통해 이런 일도 시켜 봅니다. "그릇만 네가 부엌으로 가져 가볼래?", "엄마가 설거지를 하려고 하는데 냄비만 몇 개지?" 하는 식으로 말입니다. 이런 일을 거듭하는 것이 모두 수학 학습이 됩니다.

세 살 난 성균이가 어느 날 제 물건을 넣어둔 커다란 통에서 '네모난 것'이 없어졌다고 난리를 피웠습니다. 엄마가 네모꼴로 생긴 것을 아무리 대령해도 '아니, 아니'라고만 했습니다.

"응, 응, 네모난 거 있단 말야…." 하며 땀을 뻘뻘 흘려가며 제 장난감 통을 뒤지던 성균이가 "아, 여깄다!" 하고 환호성을 지르며 찾아낸 것은 동그란 병뚜껑이었습니다. 그 소동 끝에 엄마가 찬찬히 추적해 보았더니 성균이의 '네모난 것'은 '조그맣고 예쁜 것'의 어휘 개념이었습니다.

성균이 아빠가 조그만 등산 배지 하나를 "네모난 게 아주 예쁘게 만들어졌는데…." 하며 들여다보다가 성균이에게 줬던 것입

아이의 수학머리를 키워 주는 수학육아

니다. 그때부터 성균이는 예쁘고 만만한 것은 '네모난 것'이라고 생각하게 된 것입니다. 그럴 때 엄마가 "그게 어디 네모난 거니? 동그란 거지." 하고 핀잔을 주면 대책 없는 폭언이 됩니다. 네모난 것을 예쁜 것으로 겹쳐 생각한 발상은 분명 탁월하고 즐거운 감각입니다. 왜냐하면 모양에 대한 의미를 아이가 제 나름으로 해석했으니까요.

네모니, 세모니 하는 모양을 인식시키는 일도 수 개념 인식의 중요한 항목입니다. 이 또한 아이 머리에 정착시키기가 그다지 쉽지는 않습니다. 동그란 것을 만져 보아 확인하게 하고 식탁 모서리나 삼각형 모양의 물건 같은 것을 만져 보게 하면서 모양들의 이름을 반복해서 들려줍니다.

순서의 조작

아이들이 곧잘 한눈을 파는 것은 순서 개념이 결여되어 있기 때문입니다. 엄마 심부름으로 가게에 다녀오는 길에 물건 산 것은 호주머니에 넣어 둔 채 실컷 놀다가 집에 오기도 합니다. 이런 일은 아주 자연스러운 일이므로 나무라거나 핀잔을 줘서는 안 됩니다.

달력을 매일 들추며 하루에 하나씩 날짜가 늘어 가는 것을 읽어 보게 한다든지 정해진 시간에 식사를 하며 그 사실을 깨닫게 일러 주는 일, 약속한 시간에 아빠가 귀가하는 일 따위는 모두 순서를 익히는 훈련이 됩니다. 이런 순서 개념도 수학 개념 확립에

도움이 됩니다.

아이들이 아주 좋아하는 일 중 하나가 모래 놀이입니다. 이때 모래를 이용해서도 양 개념을 익힐 수 있습니다. "모래를 점점 많아지게 해보자." 하면서 모래를 쌓게도 하고, 모래 동산에 기를 꽂고 가위바위보로 모래 뺏기 놀이를 해서 점점 덜어 내는 일도 시켜 봅니다. 양이 늘어가기도 하고 줄어들기도 함을 익히면서 양 개념이 정착됩니다.

"철이는 소영이보다 크다. 철이는 영수보다 키가 작다. 누구 키가 제일 클까?" 하고 물어보면 "철이는 소영이보다 크다."라고 했던 말로 미루어 곧장 "철이도 소영이도 커요."라고 하기도 하고 "철이는 영수보다 작다."라는 말로 미루어 "철이도 영수도 작으니까 소영이가 제일 커요."라고 대답하기도 합니다.

$$A \rangle B, \ B \rangle C \ \text{면} \ \ A \rangle C$$

이런 관계를 수학에서는 추이율이라고 합니다. 아이가 추이율을 익히기 위해서는 여러 번 시행착오를 거듭해야 합니다. 아이들끼리 모여 노는 기회를 이용하여 키 대보기를 시켜 보면 아주 큰 도움이 됩니다. 추이율은 수학 공부의 중요한 부문 중 하나입니다. 그러나 추이율은 수학을 위해서만 도움이 되는 것이 아닙니다. 모든 논리적 관계의 뼈대가 되는 개념입니다.

텔레비전 쇼에 나와서 몇십 자리 암산을 척척 해내던 천재 소녀가 정작 학교에 가서는 수학 공부를 잘 못하더라는 이야기가 있습니다. 셈만 기교로서 익히는 일은 아이에게 아무런 의미도 없기 때문입니다. 모든 어휘를 정확하게 여러 가지로 익혀 주는 일, 그리고 완전한 문장을 사용하여 말하는 일 등이 수의 개념을 확립시키는 최선의 방법임을 잊지 마시기 바랍니다.

29

수학과 관련된 말을 보통 말처럼 자연스럽게
가르쳐 줄 방법은 없을까요?

■ 수학과 관련된 말은 보통 말처럼 자연스럽게 배워지진 않습니다. 말은 사람이 살아가는 데 없어서는 안 되는 반드시 필요한 것입니다. 그렇기 때문에 아이들은 매일 매일의 생활 속에서 자연스럽게 말을 배우고 기억해 두었다가 필요할 때 사용합니다. 그러나 수학에 관계된 말 즉, 수나 양이나 도형에 관한 말들은 그렇게 되지 않습니다. 그러한 말들은 일상생활 속에서 보통의 말처럼 절실하지는 않기 때문입니다. 그렇기 때문에 그러한 말들은 누군가가 의도를 가지고 적극적으로 가르치지 않으면 발달하지 않습니다.

더구나 아이들은 우리가 미처 알아차리기 전에 자기 나름대로 사물을 배우고 있습니다. 말하자면 주변을 자기 식으로 해석하는 것입니다. 이러한 사실은 스스로 자기를 교육하는 힘이 있다는 점에서는 반갑지만 다른 한편으로는 세상을 자기 식으로 잘못 배울 수 있다는 점에서 걱정스럽기도 합니다.

우리 주변에는 수나 양에 대한 즉, 수학에 대한 기본이 되는 규칙들이 얼마든지 있습니다. 그러한 기본 규칙들은 너무나 당연한 일이기 때문에 우리 어른들은 무심히 지나치기가 쉽습니다. 아이의 주변을 살펴봅시다. TV 채널, 전화 다이얼, 시계의 문자판, 달력 등이 손쉽게 눈에 띕니다. 또 아이들의 놀이 중에 수나 양에 관한 것이 셀 수 없을 정도로 많습니다. 가게 놀이, 카드 놀이, 그림 맞추기 놀이, 블록 쌓기 놀이, 딱지 놀이 등은 모두 수나 양과 관련된 놀이입니다. 게다가 요즘 아이들은 동영상 기기, 게임기, 스마트폰까지 가지고 놉니다.

이러한 것들은 우리가 알아차리지 못한 사이에 아이들 마음속에 스며들어 어떤 종류의 지식으로 자리 잡게 됩니다. 그렇기 때문에 학교에 입학하기 이전에 아이들 마음속에는 수학이라는 그림이 이미 그려지게 되어 있습니다. 어린이 수학에 관한 한 그대로 방치한다면 자기 멋대로 잘못된 것을 기억해 둘 가능성이 있으며, 이 점은 주의해야 할 중요한 문제입니다.

수학에 대해 잘못된 것을 기억하고 있다면 학교에 입학한 뒤에 바로잡기란 쉽지 않습니다. 잘못 알고 있다는 것은 아무것도 모르고 있다는 것보다 심각하게 나쁠 수 있습니다. 하지만 잘못 알고 있는 것을 바로잡으려는 부모의 행동이 과도하게 반복되면 아이들은 자신감이 떨어져 공부할 의욕을 상실할 수도 있습니다.

잘못 알고 있는 상태로 학교에 입학하면 공부하는 데 혼란이 생겨 수학 공부 자체가 싫어질 수도 있습니다.

　이러한 점을 감안하고 보면 아이들에게 일찍부터 싹트는 수학적 능력을 올바로 신장시켜 주어야 합니다. 아이의 지능 발달 수준에 적합한 방법으로 어린이 수학을 차근차근 계획적으로 가르칠 필요가 있는 것입니다.

30

유아에게 수학교육을 하려면 무엇부터 시작할까요?

■ 유아 수학교육은 세 분야부터 해야 합니다. 우리들 주변에 있는 사물은 모두 양을 갖고 있습니다. 양은 '크다', '작다'라는 크기, '무겁다', '가볍다'라는 무게, '길다', '짧다'라는 길이, '덥다', '춥다'고 하는 온도, '밝다', '어둡다'고 하는 명도(밝기), '빠르다', '늦다'고 하는 속도 등 여러 종류가 있습니다. 이러한 양을 외면하고 우리는 살아갈 수가 없습니다.

우리는 이들 가지가지의 양을 정확하게 파악하고 그에 따라 해야 할 일을 결정해야 합니다. 주변의 양을 자기의 감각 기관으로 파악하여 논리적으로 다룸으로써 우리는 생활을 보다 낫게 개척해 갑니다. 그러기 위해서는 양의 차이, 양을 취급하는 언어, 양의 비교, 양의 성질, 양을 수치화하는 것 등 양의 개념을 올바르게 배워 두어야 합니다.

양의 체계와 관련해서 가르칠 부분은 수량인데 수학교육의 중요한 영역입니다. 수량과 병행하여 가르쳐야 할 부분은 공간과 도형입니다. 이것은 양을 갖는 물건이나 양과 관계된 현상, 그리고 우리가 살고 있는 공간에 대한 것을 가르치는 것입니다. 우리는 양을 외면하고는 살 수 없는 것처럼 공간을 외면하고도 살 수 없습니다. 공간을 어떻게 파악하고 공간 안에 놓인 물건들의 공간적인 관계를 어떻게 파악하는가에 따라 우리들 삶의 방식은 크게 달라집니다. 그렇기 때문에 아이들이 보다 나은 생활을 할 수 있게 하려면 공간을 올바르게 파악할 수 있게 하는 지도를 수량 지도와 병행해야 합니다.

유아 수학의 기초가 되는 초기 지도는 수량과 공간, 도형 지도의 토대를 마련하는 것이어야 합니다. 그 토대는 다음 세 가지입니다.

첫째는 아직 계량화되지 않은 양의 지도입니다. 계량화되지 않은 양이란 3m라든지 5kg과 같이 수치화되기 이전의 양을 말합니다. 수량의 기반에는 아직 계량화되지 않은 양이 있습니다. 즉, 수치화되지 않은 단계의 양이 있는 것입니다. 수치화되지 않은 양은 단지 '많다', '적다', '길다', '작다'로만 비교될 뿐 얼마큼 많은가, 얼마나 짧은가라는 비교를 할 수는 없습니다. 아이들은 이러한 단계의 양부터 만나게 되는 것입니다.

수치화되지 않은 양의 파악이 아직 힘든 아이들에게 수를 지도하면 의미 없는 숫자 조작만을 하게 될 뿐입니다. 수량을 점차 수준을 높여 가면서 지도하려면 수의 의미를 구성하는 수치화되지 않은 단계의 양을 가르쳐야만 합니다. 그래서 유아 수학교육의 첫걸음 중 하나는 이 분야여야 합니다.

둘째는 위치를 정확하게 파악하도록 가르치는 것입니다. 위치를 파악하고 나타내는 것을 위치의 표상이라고 합니다. 앞에서 수량과 병행하여 가르칠 것이 공간과 도형이라고 하였습니다. 공간을 정확하게 파악시키는 데 위치 지도의 목적이 있습니다. 여기서 공간이라고는 하지만 초기 단계에서는 물건 특히 형태가 놓여 있는 이차원 공간 즉, 평면 공간을 파악하는 것입니다. 평면 공간을 파악하는 기초는 평면 위에 물건 즉, 형태가 놓여 있는 위치 관계를 파악하는 일입니다. 그래서 공간과 도형을 가르치려면 '위치'를 정확하게 파악하는 능력부터 키워 줘야 합니다. 유아 수학교육의 첫 걸음 중 또 하나가 '위치의 표상'이 되어야 하는 것입니다.

셋째는 개념 형성 방법을 가르쳐야 합니다. '아직 계량화되지 않은 양', '위치의 표상'을 배우기 위해서는 초보적인 단계에서의 분석·종합적 사고가 필요합니다. 여기서 말하는 분석·종합적 사고란 물건이 갖는 속성을 분석하기도 하고 두 가지 이상의 속성을 종합하여 하나의 개념을 만들어 가는 방법입니다. 이를테면, '파란 네모 모양'의 나무 조각을 보고 색만 추출하면 '파랑'이 되고, 모양만을 추출하면 '네모 모양'이 됩니다. '파랑'이라고 할 때는 모양은 버리고 색만 분석하여 추출하는 것입니다. 이렇게 형성된 '파랑'이라고 하는 것은 동그라미 모양이든 세모 모양이든 모양에 관계없이 '파랑'을 앎으로써 색 개념이 만들어집니다. '네모 모양'에 대해서도 같은 논리가 성립되어 모양의 개념이 생깁니다. 이제 다시, 색과 모양이라는 두 속성을 종합하여 '파란 네모 모양'이라는 새로운 개념이 만들어집니다.

이와 같이 물건이 지닌 속성을 분석·종합하는 사고는 개념 형성 방법 그 자체입니다. 이 사고 방법은 아이들의 초기 교육 과정 속에 의도적으로 포함시킬 필요가 있습니다. 개념 형성의 사고 방법은 그것을 따로 떼어서는 절대로 가르칠 수가 없습니다. 초보적인 단계에서의 분석·종합적 사고 즉, 개념 형성의 방법은 여기서 말하는 유아 수학교육의 기초인 '아직 계량화되지 않은 양'이나 '위치의 표상'을 공부하는 데는 물론 개념 형성 자체에 관련된 분야를 가르치는 기초 교육에서 빼놓을 수 없는 분야입니다. 그래서 개념 형성의 방법은 유아 수학교육의 첫걸음이 되는 것입니다.

<그림> 유아 수학교육의 기초

수량	도형
개량화되지 않은 양	위치의 표상

개념 형성의 방법
(분석 종합의 사고)

아이의 수학머리를 키워 주는 수학육아

31

계량화되지 않은 양은 어떻게 가르쳐야 할까요?

■ 상당히 지능이 뒤진 아이라도 초등학교에 입학할 때쯤이면 1에서 5 정도까지 외는 경우가 있습니다. 그러나 이런 아이는 1이나 2가 무엇을 나타내는 말인지, 수의 언어가 지닌 의미를 전혀 모른 채 그저 노래 가사처럼 기억할 뿐입니다. '수'는 처음부터 존재했던 것이 아니라 양을 나타내는 말로서 생겨나 그 후에 순서나 기호를 나타내는 말로 사용하기에 이른 것입니다.

수를 도입할 때 '양을 나타내는 개념'으로서 이끌어 가는 것이 아이에게 수의 의미를 분명히 깨닫게 해주고 이해시키기도 쉽습니다. 양을 나타내는 수를 도입하는 데는 수의 근원이 되는 양이 애매해서는 안 됩니다. 그러므로 수량 지도의 기초라고 할 수 있는 수치화하지 않은 단계의 양(미측량) 개념을 확실하게 가질 수 있도록 가르쳐야 합니다.

미측량 단계의 양은 우리 주변에 여러 가지 형태로 존재합니다. 아기가 태어난 직후부터 그런 양과 접촉하게 되고 그러지 않고는 살아 나갈 수가 없습니다. 태어난 직후에 마시는 젖의 양이 모자라면 아기는 보충해 달라는 뜻으로 울고, 너무 뜨거운 우유를 주면 또 웁니다. 젖먹이 아기가 '많기'라든가 '뜨거운 정도'를 의식하지는 못하지만 태어난 직후부터 이런 '양의 세계'와 떨어져 살수는 없습니다.

아이들이 많기나 뜨거움을 언제부터 어떻게 양으로서 의식하고 그 양이 지닌 의미를 몸에 익히는지를 알고자 어린이 행동 발달 연구의 대가 피아제가 여러 조사를 해보았습니다. 그의 연구에 의하면 아이가 어느 정도의 정신 연령에 이르지 못하면 양의 개념이 성장하지 않는다고 합니다.

어쨌든 양의 개념을 의도적으로 가르치면 그 발달이 촉진됩니다. 그러면 여러 가지 양이 존재하는 속에서 미측량 단계에서는 어떤 종류의 양을 취급해야 좋을까요? 지능이 많이 떨어지는 아이일지라도 아주 커다란 사탕과 조그만 사탕을 고르게 하면 큰쪽을 택하고, 양이 많은 주스와 적은 주스를 내놓으면 많은 주스를 고릅니다.

크고 작음이나 많고 적음은 어느 경우든 시각으로 판단할 수있는 양입니다. 그러나 '무게'나 '뜨거움' 같은 시각으로 판단이 되지 않는 양도 얼마든지 존재합니다. 지금 우리는 수량을 지도할

아이의 수학머리를 키워 주는 수학육아

기초로서 양을 가르치려는 시점에 있으므로, 획득한 양을 근거로 수량으로 발전시키는 데 **빼놓을 수 없는 것**을 지도 내용으로 삼아야 합니다.

또한 양은 감각기관을 통해서 얻어지는 것이므로 감각으로 얻어지기 쉬운 양이 미측량 단계에서도 **빼놓을 수 없는 조건**입니다. 이처럼 수량에의 발전에 **빼놓을 수 없는**, 감각적으로 얻기 쉬운 미측량으로서 우리가 다뤄야 할 내용은 다음과 같은 양의 비교 언어입니다.

- 크다 – 작다 (크기)
- 길다 – 짧다 (길이)
- 무겁다 – 가볍다 (무게)
- 많다 – 적다 (수효의 많고 적음. 액체의 많고 적음. 고체의 많고 적음.)

32

위치에 대해서는 어떻게 가르쳐야 할까요?

■ 공간의 성질을 알고 공간 안에 있는 물건과 공간과의 관계를 분명히 하기 위한 기초로 '위치의 표상'을 가르쳐야 한다는 것은 〈질문 6〉에서 이미 설명했습니다. 먼저 위치에 대한 의식은 어떤 형태로 생겨 어떤 과정으로 개념이 되는지를 생각해 봐야 합니다.

태어난 지 1년 후부터 아이는 장난감을 놓는 장소를 의식하기도 하고 식탁에서 자신이 앉는 장소와 엄마가 앉는 장소 따위를 알게 됩니다. 또 비행기 소리가 나는 방향을 가리키기 위해 "위에, 위에."라는 말을 하기도 합니다. 두 살가량 되면 위치 개념은 더욱 분명해져서 장난감 자동차나 기차의 창문을 하나하나 가리키며 "엄마는 여기 타고 아빠는 여기 타세요."라고 말하기도 합니다. 이렇게 직접 가리키며 '여기'라는 말을 합니다. 이런 여러 가지 장면에서 위치에 대한 의식이 생겨나 '여기'라든가 '위에' 같은 말과 위치를 대응해 가는 것으로 아이들은 초보적인 '위치의 개념'을 만들어 가는 것입니다.

그러나 지능이 떨어지는 아이들은 그처럼 초보적인 위치 개념도 확보하지 못하여 초등학교에 입학해도 자기 신발장 위치를 계속 틀리고 신발의 왼쪽, 오른쪽을 바꿔 신기도 합니다. 엄마나 선생님이 "네 신발장은 빨간색이 칠해진 거야." 하고 말해 주어도 여전히 아무 데나 넣어 버리기도 합니다. 위치에 대한 의식이 없으면 표시되어 있는 장소에 눈길을 주지 못하는 것입니다.

위치를 어떤 장면에서 추출하여 표상화해 가야 할까요? 우리가 살고 있는 공간은 3차원입니다. 이 3차원 공간을 하나의 면에서만 생각하는 것이 2차원 공간입니다. 이 2차원 공간을 추구하는 것에 의하여 3차원 공간을 알게 하는 것이 공간·도형을 가르치는 목표입니다. 이 공간·도형 지도의 기초로서 위치의 지도는 3차원 공간 안에서 위치를 깨닫게 하는 일과 2차원 공간 안에서 위치를 정하는 방법−세로의 관계나 가로의 관계−을 얻게 하는 것이라고 할 수 있습니다.

위치의 지도에서 우리가 가르쳐야 할 것은 다음과 같습니다.

- 위, 아래 (가운데)
- 앞, 뒤 (가운데)
- 왼쪽, 오른쪽 (가운데)
- 안, 밖
- 멀다, 가깝다

33

분석적이고 종합적으로 생각할 수 있게 하려면
사물의 개념을 어떻게 알려줘야 하나요?

■ 아이들은 언어를 기억할 때, 예를 들면 '지하철'이란 말을 외우는데 엄마가 그림 또는 실물을 보여 주고 "지하철이다. 지하철이다." 하고 가르쳐 주고는 "지하철은 어디 있지?" 하고 물으면 "이거." 하며 손가락으로 짚다가 다시 "이게 뭐라고?" 하고 물으면 "지하철." 하고 서툰 말로 대답하는 식으로 변화해 갑니다.

아이들은 자신이 지하철이라고 배운 그림이나 실물과 다르게 생긴 지하철에 대해서도 지하철이 지닌 공통점들을 분석하여 '지하철'이라는 말로 종합해 갑니다. 아마도 이때의 분석에서는 '길고 창문이 있는 것'이라는 공통점이 도움이 됐을지도 모릅니다. 이처럼 언어를 하나의 개념으로 획득하여 가는 것에 아이는 분석·종합적 사고를 활용합니다. 이 단계에서의 분석·종합적인 사고는 분석과 종합의 과정이 확실히 분리되지는 않을 것입니다.

자동차라든가 전철의 개념이 생기고 다시금 빨강, 노랑 등의 색 개념도 생긴 아이는 '빨간 자동차', '노란 자동차', '파란 전철', '노란 전철' 같은 자신이 획득한 말(개념) 안에서 두 개의 말(개념)을 조합해서 새로운 말(개념)을 만들어 갑니다. 이런 것들은 어른들에게는 너무도 범상한 것이어서 무심히 지나칠 수 있지만 아이 입장에서는 사고의 비약적인 변화를 보인 것입니다. 분석과 종합의 사고가 강하게 기능했기 때문입니다.

분석과 종합의 사고가 제대로 올바르게 기능하면 몇 개의 말(개념)을 조합하여 보다 높은 개념의 새로운 말을 만들어 가기도 쉬워집니다. 개념 형성에서 빼놓을 수 없는 분석·종합의 사고는 미측량의 개념을 형성하고 위치 개념을 형성하는 일에서도 빼놓을 수 없습니다.

분석·종합적 사고가 가능해지기 전 아이의 사고는 감각운동적인 인식 단계에 머물러 있습니다. '감각운동적인 인식'이란 감각운동을 통해서 사물을 구별하여 인식하는 것으로 아이들은 이 인식을 바탕으로 사고를 진행해 갑니다. 지능이 떨어지는 아이는 이 감각운동적인 단계의 인식이 부족해 분석과 종합적 사고가 제대로 되지 않기 때문에 개념 형성 발전이 느립니다. 그러므로 감각운동적 단계의 인식도 분명하고 확실하게 해둘 필요가 있습니다. 분석·종합의 사고를 더욱 발전시켜 구조적 사고가 형성되기에 이르면 보다 높은 단계의 개념 형성도 가능해집니다. 그러기 위해 다음과 같이 가르칠 수 있습니다.

모양과 색의 인식
- 모양의 인식
- 색의 인식

색과 모양(물건의 구체적인 모양도 포함하여)의 분석·종합
- 일중 분류 → 분석·종합의 사고를 사용한 집합 만들기
- 이중 분류 → 분류표의 분류

여기서 분석·종합의 제1단계로 '색과 모양의 인식'을 든 것은, 색과 모양은 물건이 지닌 속성 중에서 표면적인 속성이기 때문에 아이가 찾아내기 매우 쉽습니다. 또한 색과 모양은 물건의 개념을 형성해 가는 기본적인 요소이며 색과 모양의 인식을 해가는 과정은 다른 것의 개념-예를 들면 부드러움, 딱딱함, 크기, 길이 등-을 형성해 가는 과정의 기본이 되기 때문입니다. 이 색과 모양을 기본으로 하여 분석·종합의 사고를 분명히 조립하여 새로운 개념을 형성해 가는 것입니다. 여기 더하여 분석·종합의 사고는 분류표(보통 매트릭스라고 함)라는 구조를 더하면 물건의 이중 분류 개념 형성으로까지 발전시킬 수 있습니다. 이로써 개념 형성 방법은 한 단계 깊고 넓어질 것입니다.

아이의 수학머리를 키워 주는 수학육아

34

아이에게 수학을 가르치는 데 언어 수준이 무슨 상관인가요?

■ 유아 수학교육에서 고려해야 할 전제 조건은 세 가지입니다.

첫째는 아이가 현재 어느 수준 정도로 말을 할 수 있는지 생각해야 합니다. 유아기 아이들은 아주 구체적이며 자기중심적입니다. 이 시기 아이가 구체적이라는 것은 사물의 개념을 추상하지 못한다는 뜻이고, 자기중심적이라는 것은 사물에 대한 사고를 객관적으로 할 수 없다는 뜻이지요.

유아기 아이들은 이런 특성을 어느 정도 탈피하기도 하지만, 아직은 그런 요소를 지니고 있게 마련입니다. 그러므로 그들은 추상적인 언어 습득을 어려워합니다. 익히고 있는 어휘의 수가 적다는 것은 형성되어 있는 개념이 적기도 하거니와 개념 형성 능력이 되는 분석과 종합적 사고력도 그리 발달하지 못했음을 뜻합니다. 그러므로 아이들이 현재 익히고 있는 언어 수준을 아는 것이 수학을 지도하는 데 아주 중요한 전제입니다.

둘째로는 개념 형성을 위해 결정적인 역할을 하는 감각이 어느 정도인가를 알아보아야 합니다. 언어를 습득하지 못한 경우 말로써 사고하기란 불가능합니다. 그러나 그런 경우라도 감각적인 인식에 바탕을 둔 직관적인 사고 활동이 이루어지는 경우도 있습니다. 사실 개념 형성의 초기 단계에는 감각적인 인식에 바탕을 둔 직관적인 사고가 중요합니다. 그러므로 감각 발달의 수준을 파악해야 지도 방법을 결정할 수 있습니다.

셋째로는 아이가 외부 세계에 대해 어느 정도의 지적인 관심과 흥미를 가지고 있는가입니다. 아이가 외부 세계를 적극적으로 인식하려고 하는 정도는 바로 그 지적 발달을 가늠할 수 있는 바로미터입니다.

이런 요소는 교육을 맡은 쪽에게는 아이들에게 자극을 주는 방법이 얼마나 효율성이 높은가를 알게 합니다. 끊임없는 흥미로 아이들을 자극하여 외부 세계에 대한 관심을 불러일으키면 지적 발달에도 큰 도움이 됩니다.

이렇게 아이들이 외부 세계에 대한 흥미와 관심을 갖게 될 뿐만 아니라 그 덕분에 과제를 해결할 수 있다면 지적인 기쁨을 느낄 것입니다. 이처럼 아이들이 외부 세계에 대한 관심과 흥미를 갖게 하는 일은 유아 교육의 중요한 전제 조건입니다.

아이의 수학머리를 키워 주는 수학육아

35

유아 수학 수업은 어떤 순서로
진행해야 할까요?

■ 유아기 아이들은 사물을 분석적으로 잘 보지 못합니다. 주위의 사물을 막연하게 보고 또 대강 보아 넘기게 마련입니다. 그러므로 과제를 설정하여 의식적으로 사물을 보게 해야 합니다. 사물을 의식적으로 본다는 것은 사물의 어떤 측면을 집중해서 본다는 뜻입니다. 아이에게 과제 의식을 갖게 하면 그런 '보기'를 하는 데 도움이 됩니다. 이때 주의할 점은 그 내용들이, 유아기 아이들이 감각적으로 인식하기 쉬운 것이어야 합니다. 그러므로 수업 진행 순서는 이런 전제 조건과 관계가 깊습니다. 아이가 자신의 감각을 토대로 하여 생각할 수 있도록 이끌고, 그렇게 함으로써 개념 형성을 하게 도와주면 효과가 있습니다. 그러나 기초 교육 단계에서 아이의 사고를 논리적인 수준까지 높이기란 쉽지 않습니다. 결국 이 점은 수업을 진행하면서 끌어올리는 수밖에 없습니다.

감각으로부터 출발하여 개념에 이르기까지의 수업 과정을 보다 자세히 세분하면 다음과 같습니다.

① 우선 아이가 주목하게 할 측면을 영상(그림)으로 만들고 그것의 구체물을 보여 주어 시각이나 감각을 자극시킵니다.
② 그리고 실제로 그것을 조작해서 나타내 보이게 합니다.
③ 마지막 단계에서 개념 형성으로 이끌어 갑니다.

개념 형성화는 '언어화'를 통해 정착됩니다. 그 단계를 마리아 몬테소리는 '명명하고 식별하고 발음하는 순서를 원칙으로 한다.' 라고 정리하고 있습니다. 한 예로 어떤 모양의 이름을 가르칠 때는 우선 여러 가지 모양의 특징을 영상화시켜 아이에게 의식시키려고 노력합니다. 그 개념이 형성되었다고 느껴지는 단계에서 "이런 모양을 세모라고 한다."라고 가르치는 것이 명명의 단계입니다. 다음으로는 "어떤 것이 세모 모양일까?"라고 질문해서 아이가 여러 가지 모양 중에서 세모 모양을 찾아내게 합니다. 그렇게 가려내는 것이 식별 단계입니다. 마지막으로는 부모나 선생님이 세모 모양을 가리키며 "이게 무슨 모양이지?" 하고 묻는 것입니다. 아이가 "세모 모양!" 하고 대답하면 그것이 발음의 단계입니다.

아이의 수학머리를 키워 주는 수학육아

36

유아 수학교육을 위한 교구는
무엇을 골라야 할까요?

■ 유아 과정의 수학교육 교구는 학교 과정에서의 교구와 같으므로 매우 중요합니다. 우선 기초 교육에서의 교구는 감각적 자극을 줄 수 있는 영상적인 구체물이어야 한다는 점을 유의하세요. 그러면서 다음과 같은 조건을 갖춰야 합니다.

① 지금 학습하려고 하는 내용에 불필요한 속성은 제거하는 것이 좋습니다. 그런 뜻에서는 반쯤 구체적인 물체가 좋습니다. 특히 지적 소음 같은 것이 혼란을 주지 않는 것이어야 합니다. 아이들이 주목해야 할 속성이 잘 나타나는 표본화된 것이 좋습니다.

② 조작이 간단하여 사고(생각)로 이어지기 좋아야 합니다. 그래야만 과제 의식을 지속시켜서 과제를 수행하기 좋습니다. 말하자면 아이가 헷갈리지 않도록 하는 것입니다.

③ 잘못 조작하였을 경우 그것을 스스로 느껴서 자기 수정이 가능한 것이어야 합니다.

④ 가능하다면 놀이 도구로서 재미도 있어 아이들이 스스로 교구를 조작할 수 있는 것이 보다 유효합니다.

아이가 교구를 가지고 학습할 때 선생님이나 엄마들은 다음과 같은 점을 고려하면 효과적입니다.

① 아이의 교구 조작 과정은 아이의 인식 과정, 사고 과정을 이해할 수 있게 합니다. 그리고 교수 방법을 검토할 수 있게 합니다. 그런 관점에서 지켜보아야 합니다.

② 여러 아이가 함께 수업을 받는 경우에는 다른 아이의 조작을 보며 함께 생각하고 비판하는 과정을 가질 수가 있습니다.

③ 아이는 자기 수정을 통해서 자기 자신을 변혁할 수 있습니다. 이런 인간관계가 충족될 수 있는 교구 사용을 염두에 두어야 합니다.

그리고 교구를 사용하여 학습할 경우에는 반드시 말로 그 표상을 정리해 두어야 합니다. 교구는 사용이 끝나면 치워지게 마련입니다. 교구가 사라지면 동시에 그것에 의해 표상화한 생각도 사라지기 쉬우므로 말로 바꾸어 놓으면 기억 속에 정착하게 됩니다.

37

유아 수학교육은 초등 수학교육의 기초가 되는데, 유아 단계에서 초등까지 수학교육 과정의 목표는 무엇입니까?

■ 우선 초등학교 중학년까지의 수학교육이 이뤄지면 다음과 같은 목표가 이뤄지리라 기대합니다. 유아 수학교육도 그 목표를 향해서 이루어져야 합니다. 우리나라 수학교육 목표는 미국 NCTM(미국 수학 교사회)이 제시한 권고안을 받아들여 만들어졌으며 다음과 같습니다.

① 수학을 써서 문제를 해결할 수 있습니다(문제 해결로서의 수학).

② 수학을 써서 의사소통을 할 수 있습니다(의사소통으로서의 수학).

③ 수학에 관련된 내용이나 생각을 이로정연(理路整然)하게 설명할 수 있습니다(추론으로서의 수학).

④ 수학에서의 다양한 지식이나 절차들이 어떻게 관련되어 있는지를 알 수 있게 합니다(수학의 연계성).

⑤ 필요에 따라 양을 어림할 수 있게 됩니다(어림하기).

⑥ 수(數)의 의미와 수에 대한 여러 지식을 알고 활용할 수 있게 됩니다(0과 자연수의 개념).

⑦ 0과 자연수의 연산에 대한 의미를 알게 됩니다(0과 자연수의 연산).

⑧ 0과 자연수에 대해 계산할 수 있게 됩니다(0과 자연수의 계산).

⑨ 도형과 공간에 대한 이해를 갖게 됩니다(도형과 공간).

⑩ 양의 개념을 가지고 측정할 수 있게 됩니다(측정).

⑪ 현실적 의문을 해결하기 위하여 자료를 수집하고 분석하는 일의 기초를 마련할 수 있습니다(통계).

⑫ 분수와 소수에 관한 개념을 갖고 그들 사이 관계를 알 수 있게 됩니다(분수와 소수의 개념).

⑬ 규칙을 찾고 그 규칙을 표현할 수 있게 됩니다(규칙성과 관계).

이처럼 세계 여러 나라의 초등학교 저학년 교육과정은 이 NCTM의 권고안을 받아들여 만들었습니다.

아이의 수학머리를 키워 주는 수학육아

38

수학 학습을 통해 문제 해결 능력을
어떻게 키울 수 있나요?

■ 문제 해결은 수학 학습의 중요한 목적 중 하나입니다. 모든 수학 학습은 문제를 해결하면서 이루어지며 또 그렇게 학습하면 문제 해결 수학이 되기 때문입니다. 문제 해결을 중심으로 한 학습은 사고를 이끌어 내기 위해서 질문하고, 사고하고, 조사하고, 탐구하는 활동이 있어야 합니다. 이것을 문제 해결 접근법이라고 합니다. 이 접근법의 목적은 아이들이 문제를 해결하기 위한 전략을 개발하고 적용하는 데 있습니다.

전략을 얻는 방법은 여러 가지가 있는데 조작적 구체물을 사용하는 것, 시행착오를 해보는 것, 목록이나 표를 만드는 것, 그림을 그려 보는 것, 패턴을 찾는 것 그리고 문제를 실제로 실연해 보는 것 등입니다.

문제 해결이 이런 것이기 때문에 유아 수학교육에서 개념이나 기능을 학습할 때 문제 해결 접근법을 사용할 수 있어야 합니다.

그러기 위해서는 다음과 같이 해야 합니다.

- 일상생활에서 수학적 상황을 찾고 문제를 구성해 주어야 합니다.
- 광범위하게 다양한 문제들을 해결할 전략을 개발해 주고, 그것을 적용해 가는 일을 훈련해야 합니다.
- 결과들을 검증하고 원래의 문제 상황에 비추어 해석할 수 있게 해 주어야 합니다.
- 수학을 의미 있게 사용하는 것에 자신감을 획득할 수 있어야 합니다.

엄마나 선생님은 문제 해결을 위해 아이가 기울인 노력을 격려하고 뒷받침해 줄 필요가 있습니다. 그러기 위해서는 아이가 선생님이나 엄마 그리고 다른 아이들과 함께 문제 해결 방법을 나누고 펼치며 전략을 세워 보아야 합니다. 아이가 수학 학습에 자신감을 갖게 되면 인내심과 탐구심이 향상됩니다. 또한 수학적으로 의사소통을 하며 고차원적인 사고 능력이 증대됩니다.

사실 아이들이 말을 처음 배울 때는 늘 문제로 인식하여 나름대로의 여러 가지 방법으로 배웁니다. 말을 배운다는 사실 자체가 아이들에게는 문제 해결입니다. 아이들은 말을 배울 때 늘 탐색하고 시행도 해보고 검증도 합니다. 우리 어른들도 어린 시절다 그렇게 해왔으나 어른이 되어 모두 잊어버린 것뿐입니다.

39

수학이 의사소통에도 효과적이라니 무슨 뜻인가요?

■ 가령 아이들이 간단한 방정식을 알게 된다면 아이들끼리 무엇인가 의사소통을 할 때 활용할 것입니다. 방정식은 어떤 상황을 표현하는 데 많은 것을 함축해서 표현할 수 있고 방정식을 함께 해결해 본 또래끼리는 별다른 설명 없이 의사소통이 쉽게 됩니다. 이처럼 수학은 의사소통에도 생산적으로 활용될 수 있습니다. 수학에 등장하는 기호와 추상적인 언어를 연결하도록 도와준다면 수학적 개념들을 활용한 명쾌한 방식으로 의사소통을 하게 될 것입니다. 그것은 아이들이 사고의 비약적인 상승을 경험하게 합니다. 상황을 묘사하는 데 아주 즐겁고 흥미 있는 경험이 가능하기 때문입니다.

아이들은 말로써 의사소통을 함으로써 언어를 배워 가므로 '수학을 말하는 기회'를 제공하면 효과적입니다. 친구에게 말하면서 자기 생각을 정돈하고, 말하기 위하여 줄거리를 세우느라 논리를 개발하게 됩니다. 그러는 과정에서 자신의 생각을 명료하게 전개하는 일이 쉽지는 않으나, 문제를 어떻게 풀었는지를 설명하거나 써보는 일은 '생각을 명료하게 전개하는' 훈련이 되어 줍니다. 무엇보다 아이들이 수학에 관한 책을 읽도록 하는 것도 큰 도움이 됩니다.

수학적 아이디어를 탐구하고 조사하고 묘사하고 설명하는 것은 의사소통을 촉진시킵니다. 선생님이나 엄마는 그 모습을 관찰함으로써 아이들의 지식과 능력을 통찰하고 평가할 수 있습니다. 이런 일이 거듭 쌓이기 위해서는 수학 공부 자체가 의미 있는 학습이 되어야 하며 수학을 가르칠 때 다음과 같은 노력을 끊임없이 해야 합니다.

- 수학적 개념을 구체물이나 교구, 그림이나 도표들과 관련지을 수 있어야 합니다.
- 수학적 개념과 상황에 대한 생각을 반성하고 명확한 것으로 할 수 있어야 합니다.
- 일상의 언어를 수학적 언어나 기호와 관련지을 수 있어야 합니다.
- 수학을 표현하고 토론하고 읽고 쓰고 듣는 것이 수학 학습에서 중요한 부분임을 알아야 합니다.

아이의 수학머리를 키워 주는 수학육아

40

아이가 추론 능력을 가질 수 있게 하려면
어떻게 가르쳐야 하나요?

■ 수학교육에서는 추론 능력이 개발되어야 합니다. 아이의 추론 능력이 개발되면 다음과 같은 결과를 얻을 수 있습니다.

- 수학에 관한 논리적인 결론을 이끌어 낼 수 있게 됩니다.
- 답과 풀이 과정을 스스로 설명할 수 있게 됩니다.
- 수학적 상황을 패턴이나 관계들을 이용하여 파악할 수 있게 됩니다.
- 수학이 의미 있는 것임을 믿을 수 있게 됩니다.

수학 학습의 중요한 목적은 아이 자신이 수학을 행하는 힘을 가졌으며 스스로 성공과 실패를 통제할 수 있다는 믿음을 갖게 도와주는 것입니다. 이런 자율성은 아이가 추론하는 능력과 그 생각을 입증하는 능력에 대한 자신감을 얻을 때 발달할 수 있습니다.

그것은 수학을 단순히 규칙과 절차를 암기하는 것이 아니라 의미 있고 논리적이며 즐거운 것으로 받아들일 때 발달합니다. 그러므로 수학 학습에서는 문제 해결과 의사소통뿐만 아니라 추론이 강조되어야 합니다.

이런 일을 위해서는 학습 분위기를 비판적인 사고에 두는 환경을 조성해야 합니다. 서로 질문하고 자신의 생각을 정교하게 정돈할 수 있도록 개방적으로 진행시켜야 합니다. 이런 분위기는 아이의 생각을 존중하고 지지해 주어야 성립됩니다.

아이가 자기 생각을 설명하고 입증하는 것은 지적 성장의 핵심입니다. 문제의 정답뿐만 아니라 푸는 방법과 과정도 중요하다는 점을 알게 하는 것은 이런 학습의 핵심입니다. 지도하는 사람은 그런 점에 특히 유념해야 합니다. 이런 마음가짐이 아이의 추론 능력을 발달시킬 기회가 됩니다.

아이의 수학머리를 키워 주는 수학육아

수, 계산, 도형, 측도 등 분리된 수학 내용을 연결 지을 수 있게 할 방법이 무엇인가요?

■ 수학적 개념들은 낱낱이 떨어져 있는 것이 아니라 서로 연관되어 있습니다. 그러므로 수학 학습 과정에서 서로 다른 것과 연결 짓는 기회를 제공해야 합니다. 그렇게 하면 아이는 다음과 같은 성과를 얻을 수 있습니다.

- 개념적 지식과 절차적 지식을 관련지을 수 있습니다.
- 다양한 개념이나 절차의 표상을 서로 연결 지을 수 있습니다.
- 수학에서 서로 다른 내용들 사이의 관계를 인식할 수 있습니다.
- 다른 교육 과정 영역에서 수학을 사용할 수 있습니다.
- 매일의 일상생활에 수학을 사용할 수 있습니다.

'개념적 지식'이란 '내용지(內容知)'라고도 하는데 우리들 외부의 사물이나 사상에 대해서 인식하는 결과로서의 지식을 말합니다. '절차적 지식'이란 '방법지(方法知)'라고도 하는데 지식이나 기능 자체를 어떻게 획득해 가는가 하는 방법에 관한 지식입니다.

말하자면 내용지란 '~이란 무엇무엇이다.'라든가 '~이란 이런 이런 것이다.'라고 하는 '익혀지는 앎'을 학습하는 것입니다. 반면 방법지란 생각하는 힘, 판단하는 힘, 문제 해결의 힘을 배우는 것입니다.

수학교육은 몇 개의 분리된 내용 영역 즉 수, 계산, 도형, 측도, 관계 등으로 구성되어 있습니다. 이들 영역의 개념을 아이가 서로 연결 지을 수 있어야 하며 그것은 아주 중요합니다. 만약 이런 연결성을 이룰 수 없다면 아이는 엄청나게 많은 개별적인 개념과 기능을 따로 배우고 암기해야 합니다. 수학적 개념들이 아이의 일상생활 및 학교 안팎의 생활과 연결되어 있어야 수학의 유용성을 인식할 수 있게 됩니다. 이런 연결성이 강조되려면 연결성을 탐구하고 토의하고 일반화할 수 있게 해야 합니다.

내용을 도입할 때는 같은 내용을 며칠 다루며 일단 도입된 내용을 수학 프로그램 전체에 확대하는 학습도 해야 합니다. 다른 영역에서 수학을 사용하고 문제나 개념을 말로 표현하는 일도 여러 가지로 해보아야 합니다. 이런 것들은 유아 수학교육 초기에도 유의해서 지도해야 합니다.

42

'어림하기'가 판단과 의사 결정 기능도
발달시킨다고요?

■ 어림하기는 수학의 또 다른 차원이라고 할 수 있습니다. 수학 학습에 어림하기가 포함됨으로써 아이들은 다음과 같은 여러 가지 인식과 기능을 습득하게 됩니다.

- 어림을 하기 위한 전략을 탐구할 수 있습니다.
- 적절한 어림하기가 언제 필요한지를 인식할 수 있습니다.
- 문제 해결의 결과에 대한 합리성 여부를 판가름할 수 있습니다.
- 양, 측정, 계산, 문제 해결을 수행하는 데 어림하기를 활용할 수 있습니다.

수학에서는 '약', '가깝다', '반올림', '올림', '버림', '어림수', '근사값', '오차' 등의 용어가 사용됩니다. 이것은 수학이 정확성뿐만 아니라 부정확성까지도 포함하고 있음을 나타냅니다. 어림은 수 감각과 공간 감각이 상호작용하여 만들어 내는 수학의 또 다른 세계입니다. 아이들은 어림을 알게 됨으로써 수학의 개념과 절차에 대한 새로운 통찰을 할 수 있게 되고, 측정을 하는 데 있어 융통성을 갖게 됩니다. 그리고 결과의 타당성을 인식하는 데 도움이 됩니다. 따라서 어림의 기능과 어림에 대한 이해로 아이들은 일상생활에서 양에 관한 상황을 다루는 능력을 높일 수 있습니다.

어림은 아이가 수학을 처음 경험할 때부터 다루어져야 합니다. 수, 계산, 측정을 학습할 때 계속해서 다루어져야 하고 계산을 위한 전략이나 측정을 할 때도 어림의 방법을 학습시켜야 합니다. 이런 학습을 통해 추론, 판단, 의사 결정 기능도 발달됩니다.

실제 학습에서는 어림에 대한 마음가짐을 기회 있을 때마다 강조해 주어야 합니다. 어림이 무엇을 뜻하며 언제 사용하는 것이 적절한지 주어진 과제에서 얼마나 근접한 어림을 요구하고 있는지를 알도록 하는 일이 학습의 중요한 요소이며, 아이들이 어림을 하면 격려하고 성과가 있으면 분명하게 평가해 주어야 합니다.

아이의 수학머리를 키워 주는 수학육아

43

수 감각과 수 개념이 강한 아이로 키우려면 어떻게 해야 하나요?

■ 일상생활에서 수를 사용하는 일이 의미가 있으려면 수가 지닌 여러 가지 의미를 이해해야 합니다. 그러기 위해서는 다음과 같은 일을 해야 합니다.

- 구체물의 사용과 실세계의 경험을 통해서 수의 의미, 개념을 형성할 수 있어야 합니다.
- '낱개 세기', '묶어 세기'와 '자리 수' 개념을 관련지음으로써 '명수 체계', '기수 체계'를 이해할 수 있어야 합니다.
- 수 감각을 향상시킬 수 있어야 합니다.
- 실생활에서 직면하게 되는 수의 다양한 사용을 해석할 수 있어야 합니다.

양의 크기를 나타내는 것뿐만 아니라 공간에서의 위치를 나타내는 일에서도 아이들은 수를 사용할 수 있습니다. 특히 큰 수를 사용할 때는 명수법의 체계와 기수법의 체계를 이용하는 것이 중요합니다. 우리나라의 수사는 '십진법'과 '만진법'으로 이루어져 있으며 우리가 사용하는 '힌두-아라비아' 숫자는 십진법과 자리 값에 의해서 이루어져 있습니다. 특히 여기서의 자리 값의 이해는 이후에 배우게 되는 수와 계산을 학습하는 데 중요한 구실을 합니다.

수들 사이의 관계에 대한 직관은 수와 관련된 문제를 이해하고 판단하는 데 도움을 줍니다. 훌륭한 수 감각을 가지고 있는 아이는 수의 의미를 잘 이해하는 것은 물론 수 사이의 복합적인 관계를 발달시킬 수 있으며 상대적으로 큰 수를 잘 이해할 수 있습니다. 또 수에 대한 연산의 의미를 파악하고 다양한 상황에서 활용할 수 있게 됩니다. 덧셈이나 뺄셈이 무엇을 의미하며 또 그것이 어떤 상황에서 이뤄지는지를 알게도 됩니다. 그래야 아이는 수와 관련된 문제와 접했을 때 해결할 수 있는 능력을 갖게 되는 것입니다.

중요한 것은 이런 노력-수 개념을 발달시키는 일-을 위해서는 아이들에게 수와 수 개념을 지도하는 데 많은 시간을 들여야 한다는 것입니다. 수를 사용하는 아이에게 그 수가 가장 의미가 있으려면 아이가 겪게 되는 구체적인 경험이 풍부해야 합니다.

그러므로 단지 수를 세게 하는 일만으로는 아이가 수 감각을 익혔다든가 수 개념을 올바르게 가졌다고 자신 있게 말할 수는 없습니다. 따라서 아이에게 수의 개념 형성이 견고해지기 전까지는 수의 기호적인 표현 등을 너무 서두르지 않는 편이 좋습니다.

44

수의 연산이란 무엇이며 어떻게 지도해야 하나요?

■ 수의 연산이란 여기서는 영(0)과 자연수에 대한 덧셈, 뺄셈, 곱셈, 나눗셈을 말합니다. 아이가 연산을 할 수 있게 되는 일은 수학교육의 본원에 들어서는 것을 뜻합니다. 연산을 함으로써 아이는 다음 일들을 성취할 수 있어야 합니다.

- 풍부하고 다양한 구체적 문제들을 통하여 연산에 대한 의미를 파악하고 발전시킬 수 있게 해주어야 합니다.
- 수학적 언어와 연산 기호를 보통의 문제 상황과 견주어 일상적인 언어와 밀접하게 관련지을 수 있게 해주어야 합니다.

  ※ 가령 '덧셈'이란 말은 '얼마 더했다, 얼마 늘었다, 얼마 커졌다, 뭐와 뭐를 합했다, 모두'라는 것과 같은 뜻일 수 있도록 관련지어 주어야 합니다.

- 위와 같은 광범위하고 다양한 상황들이 '덧셈'이라는 하나의 연산

으로 표현될 수 있음을 인식시킬 수 있으면 아이의 수학적 능력은 크게 발달할 수 있습니다.
- 이런 모든 일이 아이의 연산 감각 발전으로 가능해집니다.

아이가 덧셈, 뺄셈, 곱셈, 나눗셈을 이해할 수 있게 된다는 것은 수학의 핵심적 능력에 접근했다는 뜻입니다. 우선 연산을 알면 실생활에 유용합니다. 아무리 컴퓨터가 발달하고 계산기가 보급되어도 이 기본적인 연산을 모르면 컴퓨터가 내놓은 결과치를 점검할 수도 없고 계산기를 작동할 수도 없습니다. 이런 기본적인 이점들 말고도 수학의 연산을 알게 되면 연산의 모델과 성질을 알게 되고, 연산과 연산 사이의 관계를 파악하게 되며 여러 가지 수학적 통찰이 가능한 기본 능력이 생깁니다. 좋은 연산 감각을 가지면 아이는 의미 있고 융통성 있는 연산 작용을 할 수 있게 되고 그런 감각은 결과의 타당성에 대한 사려 깊은 결정을 할 수 있게 해줍니다.

아이에게 연산을 지도할 때에는 연산의 수학적 기호와 그 연산의 상황을 말로 충분히 거듭해서 설명하고, 자꾸 아이 스스로 말하고 써먹어 보게 해주어야 합니다. 어떤 수와 어떤 수를 연산해서 얻는 답도 중요하지만, 그것으로 비교가 가능하고 문제 해결의 검증이 가능하고 동일화가 가능하다는 사실을 깨닫게 해주는 것 또한 아주 중요합니다.

45

계산도 수학의 중요한 기능이라고 생각하는데
바른 계산 학습은 왜 중요한가요?

■ 흔히 우리는 계산 잘하는 사람이라는 말을 합니다. 이기적이고 약간 좋지 않은 성정의 사람을 가리키는 말로 쓰이기도 합니다. 그러나 그런 말은 계산을 다소 편협하게 해석한 말입니다. 수학교육의 목적 중 중요한 부분은 영(0)과 자연수의 계산을 숙달시키는 데 있습니다. 그래야만 아이들은 다음과 같은 발달을 할 수 있습니다.

- 기본적인 계산 지식과 계산 방법(알고리즘-algorithm)을 설명하고 효율적으로 운용할 수 있습니다.
- 다양한 암산과 어림 방법을 사용할 수 있어야 합니다.
- 여러 가지 계산을 해야 하는 상황에서 계산기를 사용할 수 있어야 합니다.

- 특수한 문제에 적절한 계산 방법을 선택해서 사용할 수 있어야 하며 그 결과의 타당성을 검증할 수 있어야 합니다.

계산의 목적은 문제를 푸는 데 있습니다. 이미 모든 복잡하고 어려운 계산은 계산기와 컴퓨터가 하고 있는 상황입니다. 그런데 복잡한 계산이 요구되거나 큰 수가 포함된 계산에는 계산기가 유용하지만 아이들은 다양한 계산 방법의 원칙은 알아야 합니다. 그러나 필산(숫자를 써서 계산함)으로 계산하는 일을 능숙하고 빠르게 하도록 기대하거나 빠져드는 것은 지양해야만 다른 중요한 수학을 공부하는 기회가 늡니다.

계산의 배경이 되는 개념을 강조해서 깨닫게 하고, 식을 세우기 위해서 구체적인 자료를 사용할 수 있게 해주며, 사고를 발전시켜 가도록 도와주고 학습시키는 일이 중요합니다. 기본적인 계산을 익히고 거기 따른 여러 가지 계산 방법을 숙달시켜 활용하게 해서 계산 기법의 효과적인 학습이 이뤄지게 해야 합니다. 그렇게 하면 아이들은 추론, 수학적 통찰, 수학에 대한 자신감을 발달시키게 됩니다. 문제를 해결하는 데 능동적으로 대처하는 실질적인 대응 전략으로 계산처럼 유용한 것이 없다는 것을 터득하는 일은 아이의 앞으로의 인생에도 매우 도움이 됩니다.

46

도형과 공간 감각은 일찍부터 가르쳐야 하나요?

■ 도형 교육은 수학교육에서는 아주 중요한 분야이지만 일찍부터 학습할 필요는 없습니다. 단, 도형과 공간 감각은 아이의 뛰어난 직관력으로 일찍부터 학습할 수 있으므로 직관력이 뛰어난 유아기를 놓치지 말아야 합니다.

일반적으로 아이들은 도형과 공간 감각을 익힘으로써 다음과 같은 능력을 얻을 수 있습니다.

- 도형을 표현하고, 표본을 만들어 보고, 실제로 그려 보고, 분류할 수 있습니다.
- 도형을 결합하고, 쪼갤 수 있게 되며 변화시킨 결과를 탐구하고, 예측할 수 있습니다.
- 도형 및 위치를 나타내는 말을 통해서 공간 감각을 발달시킬 수 있

습니다.

- 기하학적 아이디어를 수와 측정 개념과 관련지을 수 있습니다.

기하는 우리가 살고 있는 세계를 질서정연한 방법으로 표현하고 설명할 수 있게 해주는 수학적 지식입니다. 게다가 아이들은 대부분 태생적으로 기하에 관심이 많다고 합니다. 그래서 아이들의 흥미를 유발하는 데 도움이 많이 되는 분야이기도 합니다. 아이의 공간 능력은 수 기능과 합쳐져서 수학에 대한 능력을 훨씬 높이기도 합니다. 이런 힘은 수학에 대한 흥미를 촉진시키기도 합니다.

아이의 수학 학습 수준이 올라가면 우리가 가지고 있는 고유의 기하적 세계를 해석하고 이해하고, 음미할 수 있는 능력을 갖게 됩니다. 2차원, 3차원의 도형과 그 특징에 대한 직관과 통찰, 도형 사이의 상호 관계 그리고 도형의 변화 같은 공간 감각의 중요한 측면을 이해하게 되면 보다 상급의 수학적 지식을 익히는 데 결정적인 영향을 미칠 수 있습니다. 그러기 위해 아이들에게 도형에 대한 개념과 언어를 학습시켜야 합니다.

아이들에게 학습을 시킬 방법은 많습니다. 일상생활에서 접하는 모든 것에서 도형 모양을 설명하고 조사해 보게 하고 탐구하게 합니다. 여러 위치에서 도형을 바라보고 그리고 비교해 보게 하는 일들이 아이들 수준에서는 도형과 공간 감각 훈련이 됩니다.

47

양과 측정 학습도 일찍부터 해야 하나요?

■ 양의 개념은 비교에 의해서 형성됩니다. 측정은 양을 수치화하는 것입니다. 수학교육에 양과 측정이 포함되면 실생활에서의 유용성이 크게 확대되고, 다음의 능력들이 길러집니다.

- 길이, 부피, 무게, 넓이, 시간, 온도 그리고 각의 성질을 이해할 수 있게 됩니다.
- 양을 측정하는 학습을 통해서 측정 단위와 그 과정의 관계를 이해할 수 있게 되면 보다 폭넓은 수학적 개념을 이해할 수 있게 됩니다.
- 어림으로 측정할 수 있고. 이를 이용할 수 있는 능력도 발달됩니다.
- 일상의 상황과 문제에서 측정을 하고, 이용할 수 있는 능력이 발달됩니다.

아이가 비교 활동을 통해서 양의 개념을 형성하고, 그 양의 측정을 배움으로써 유용성을 깨닫게 되면 많은 수학적 개념과 기능을 익힐 수 있습니다. 측정은 분수와 소수를 학습할 필요성을 느끼게 해주는 아주 절실한 자극이기도 합니다. 그런 필요를 유발시키며 측정을 지도해야 효과적입니다.

아이에게 측정을 학습시킬 때에는 측정하는 대상의 속성도 이해시켜야 합니다. 길이로 재는 것, 부피로 재는 것, 넓이로 재는 것 등이 다를 수 있다는 것을 이해시켜야 합니다. 그런 것을 이해시키려면 먼저 그 물체의 성질을 직접 비교해 보고, 여러 가지 방법으로 재보고, 단위 수를 세어 보게 해야 합니다. 성급하게 공식 비슷한 것을 도입하거나 도구를 사용하지 말아야 합니다. 측정 문제를 이해하기도 전에 이런 일이 앞서면 측정으로 문제를 해결하는 능력이 생기기 어렵습니다.

어림을 도입하는 일도 곁들이면 좋습니다. 단위의 크기에 대한 인식을 갖게 되고 측정 과정과 성질을 이해하는 데 도움이 되기 때문입니다. 측정이 정확할 수 없을 때, 예를 들면 '8cm에서 9cm 사이', '약 3시간' 등의 어림이 필요하다는 것을 인식시켜 줄 수 있습니다.

아이에게 측정 학습을 시킨 뒤에는 다른 것을 학습할 때도 이 기능을 활용해 보세요. 그러면 사고의 폭이 확대되고 수학적인 능력도 발달되는 다각적인 학습 효과를 올릴 수 있습니다.

48

확률과 통계 학습은 왜 해야 하나요?

■ 우선 통계 자료를 수집하고, 정리하여 기술하고, 그것을 분석하여 해석하는 일을 할 수 있습니다. 뿐만 아니라 그렇게 얻은 정보를 이용하여 어떤 일의 결과를 예상하며 계획을 세우고 결정하고 시행할 수 있습니다. 특히 현대와 같은 지식 정보화 사회에서는 점점 더 절실하게 필요하고, 중요한 분야입니다.

그렇기 때문에 이 분야의 경험은 어린 시기의 수학교육에서부터 해두어야 합니다. 이런 경험을 통해서 아이들은 다음과 같은 능력을 기를 수 있어야 합니다.

- 필요에 따라 자료를 수집하고 분석하여 그것을 기술할 수 있어야 합니다.
- 제시된 자료를 읽고 해석할 수 있어야 합니다.

- 자료의 수집과 분석을 통해서 문제를 제기하고 해결할 수 있어야 합니다.
- 확률 개념의 초보적 이해를 할 수 있어야 합니다.

유아기의 수학교육에서는 장차 이런 일들을 가능하게 할 학습을 준비해야 합니다. 필요에 따라 사물을 분류, 정리하고, 그들을 양적으로 파악하는 경험과 어떤 일이 일어날 수 있는 가능성을 예측하는 경험은 중요한 기초 경험이 되므로 유아 수학교육에서 빼놓아서는 안 됩니다.

오늘의 시대는 수학이 지배하는 시대입니다. 빅 데이터라는 단어가 자주 사용되는데 이것은 이 시대가 확률의 시대임을 알려주고 있는 것입니다. 확률은 가능성을 수치화한 것입니다.

49

초등학교 수학교육에서 중요한 분수와 소수의 학습을 유아 수학교육에서는 어떻게 준비해야 할까요?

■ 수학교육에서 첫 번째로 등장하는 수는 0과 자연수입니다. 그 다음으로 등장하는 수가 분수와 소수입니다. 그리고 더 나아가면 음수와 양수, 유리수와 무리수, 실수 그리고 복소수를 단계적으로 공부하게 됩니다.

초등학교까지는 자연수, 분수, 소수가 주된 내용입니다. 초등학교 중학년까지 분수와 소수를 배움으로써 아이는 다음과 같은 능력을 기를 수 있어야 합니다.

- 분수와 소수의 개념을 이해할 수 있어야 합니다.
- 분수나 소수에 대한 수 감각을 발달시킬 수 있어야 합니다.
- 분수와 소수의 연산을 이해하고 계산할 수 있어야 합니다.
- 분수와 소수를 이용하여 문제를 해결할 수 있어야 합니다.

초등학교에서 이러한 목표가 달성되려면 유아 수학교육에서 기초 경험이 풍부하도록 해주어야 합니다. 분수와 소수의 바탕에는 분할, 특히 등분할이라는 개념이 깔려 있습니다.

"양이 같다"라는 것과 "몇으로 나누었다"라는 개념을 이해할 수 없으면 분수와 소수를 학습할 수 없습니다. 양을 분할하는 일, 양의 같음을 아는 일, 이 두 일이 합쳐진 등분할 그리고 몇으로 분할하느냐 하는 일들의 경험을 주는 것이 '분수와 소수'를 배우기 위해 유아 수학 단계에서 해야 하는 일입니다.

50

유아 수학교육의 목적을 설정한 항목 〈질문 37〉 마지막에 '규칙성과 관계'가 나오는데 어떤 학습인가요?

■ 수학교육은 규칙성과 관계에 대한 이해가 전제되어야 하는 과목입니다. 수학교육의 모든 과정에는 규칙성과 관계에 대한 내용이 포함되어 있으므로 그 학습을 통해 아이들은 다음과 같은 것을 깨닫게 됩니다.

- 다양한 규칙성(패턴)을 인식하고, 기술하고, 확장하고, 만들 수 있게 됩니다.
- 규칙성(패턴)과 수학적 관계를 표현하고, 기술할 수 있게 됩니다.

우리가 사는 세상에는 어느 곳에나 규칙성이 존재합니다. 아이는 수학교육을 통해 우리 주변에 규칙성이 존재함을 배우게 됩니다. 연산을 하면서 그 법칙을 배우고 수학적 문제 해결을 할 때 거기 따른 규칙을 활용하고, 측정 방법에서 일정한 단위와 재는 법칙이 있음을 경험하게 됩니다. 그때그때 그것을 강조해 주어서 규칙성과의 관계를 이해시키는 일은 아주 중요합니다. 그러면 아이는 자신이 사는 세상에 수학을 어떻게 적용시킬지를 저절로 터득하게 됩니다.

규칙을 그대로 사용하고 확인하는 일도 할 수 있거니와 정보를 분류하고 조직하는 능력을 향상시킬 수 있게 되는 것입니다. 이를 위해서는 수학교육 과정 중 사건, 모양, 디자인, 수 집합에서 규칙성에 초점을 두고 가르쳐야 합니다. 아이가 수학의 본질은 규칙성에 있다는 것을 알게 하도록 기회 있을 때마다 알려 줘야 하는 것입니다.

□안에 수를 넣고 하는 더하기와 빼기 같은 초보적인 함수적 수학을 통해서도 규칙성의 개념을 배우게 됩니다. 그런 관찰은 그대로 일반화하여 활용되기도 합니다. 그런 과정이 아이의 직관을 발달시킵니다.

구체물과 그림의 사용은 아이가 규칙성과 관계를 인식하는 데 도움을 줍니다. 아이는 같은 규칙성을 지닌 다양한 수학적 조건을 관찰하면서 규칙성을 이해하는 데 많은 도움을 받습니다. 규칙을 말로 표현해 보고, 또 문자나 기호를 사용해서 표현해 보는 일은 장차 변수를 사용하는 수학의 기초가 됩니다. 말하자면 나중에 대수를 공부하기 위한 준비 과정인 셈입니다.

51

유아 수학교육과 초등학교 수학교육에서 계산기나 컴퓨터를 사용하는 것은 괜찮을까요?

■ 계산기와 컴퓨터는 계속해서 적절하게 사용해야 합니다. 초등학교 과정에 이르면 계산기는 수학 학습을 위한 중요한 도구로 여겨집니다. 계산기는 아이들이 수 개념과 패턴을 탐구하며 중요한 개념의 발달을 경험하게 하는 도구입니다. 다만 계산기는 신중하게 사용해야 합니다. 계산기는 아이가 수학적 문제를 해결하는 과정에서 필요한 도구로 사용하는 것이 원칙입니다.

계산기를 이용한다고 해서 기본적인 계산 지식을 학습하거나 암산하거나 합리적인 필산의 필요성이 없어지진 않습니다. 오히려 선생님이나 엄마가 연산의 의미, 계산 방법을 더 철저히 가르치도록 유념해야 합니다. 그래야만 계산기가 필요할 때 효율적으로 사용할 수 있는 능력이 생깁니다.

계산기나 컴퓨터가 복잡하고 시간이 걸리는 계산을 단시간에 정확하게 해줄 수 있으므로 이제는 아이들이 그런 계산에 시간과 노력을 들일 필요가 없게 되었습니다. 중요한 것은 수학적 의미와 수학적 아이디어입니다. 아이가 계산기를 사용할 때 유용한 것은 계산 결과가 맞는지 틀린지를 검토하는 일입니다. 그런 방법을 거듭 보여 주어서 계산기 사용 습관을 바르게 잡아 주는 것도 이 시기 아이에게는 중요합니다.

컴퓨터의 뛰어난 능력 또한 수학 프로그램에서 이용되어야 합니다. 원래 컴퓨터는 수학적 발견의 산물입니다. 아이가 수학교육을 통해서 컴퓨터와 만나게 되는 일은 올바른 순서입니다. 기하적인 컴퓨터 언어는 아이들이 중요한 기하 개념에 친숙해지도록 합니다. 또 컴퓨터 시뮬레이션은 아이들이 수학의 중요한 특징을 확인하는 데 긴요한 역할을 할 수 있습니다. 여러 가지 소프트웨어를 활용하여 재미있는 문제 해결 장면과 예시를 아이에게 보여 주면 아주 좋습니다. 대체적으로 기술공학을 신중하고 창의적으로 사용하면 교육 과정의 질과 학습의 질을 높이고 흥미를 가중시킬 수 있습니다.

사람들은 문명의 기구를 사용함으로써 지적 생활을 해왔고, 오늘날에도 새록새록 새로운 기구가 생겨나고 있습니다. 그래서 우리는 옛날과 달리 나이가 들어도 계속 공부하여 지적 능력을 키워야 합니다. 우리 아이들이 살아갈 시대에는 이런 현상이 더욱 심해질 것입니다.

3

일상생활에서
수학머리를
키워 주는 방법

아이에게 덧셈과 뺄셈을 효과적으로 알려 줄 방법은 무엇일까?
공간과 도형은 어떻게 가르쳐야 할까?
옷을 입히면서 오른쪽과 왼쪽을 구분시킬 수 있다? 등등
생활 속에서 자연스럽게 수학머리를 키워 줄
핵심 교육법을 알려 드립니다.

52

유아 수학교육에서는 기초 능력의 틀을 어떻게 잡아야 할까요?

▲ 유아 수학교육은 기초 능력의 틀을 짜기 위한 학습입니다. 우리 주변에서 일어나는 문제를 보다 잘 해결하려는 데서 수학적인 개념이나 원리에 눈뜰 수 있습니다. 그것은 또 수학 학습을 생생하게 발전시키는 일로 연결될 수 있습니다. 현실적인 문제를 해결하는 힘으로 수학적인 능력이 도움이 되고, 수학 학습을 발전시키는 데 문제 해결력은 도움이 됩니다. 그러므로 수학교육으로 모든 기초 능력의 틀을 형성시킬 수가 있습니다.

흔히 '능력'이란 말은 우리가 학습에서 기대하는 이해와 기능, 태도 중에서 기능에 속한다고 생각하곤 합니다. 예를 들면 "이해하고는 있으나 능력화하지는 못했다."느니 "능력은 있는데 태도가 나쁘다."라고 말할 때 그렇게 느껴집니다.

그러나 수학에서 말하는 기초 능력이란 그런 좁은 의미가 아닙니다. 이를테면 '사물을 고찰하고 처리하는 힘'이라고 표현하면 앞에서 든 '기능'도 포함하는 보다 종합적인 능력입니다.

수학교육의 의미는 우리들 주변에서 일어나는 문제를 보다 훌륭하게 해결하는 데 필요한 수학적 개념이나 원리에 관심을 두도록 하는 데 있습니다. 그런데 이 수학적 개념이나 원리는 주입식으로 가르치지 말고 발견하고 창조하게 해야 합니다. 그러기 위해서는 수학적 개념과 규칙 즉, 수학적 지식 깊은 곳에 내재되어 있는 활동 양식을 찾아내어 지혜롭고 유용하게 활용할 수 있도록 해야 합니다. 그런 뜻에서 유아 수학교육에서 형성시켜야 할 기초 능력은 다음 다섯 가지 행동 양식을 기본 틀로 삼아야 합니다.

집합 만들기, 분류하기, 수량화하기, 대응시키기, 응용하기(문제 해결)를 기초 능력으로 삼아 틀을 익혀야 한다고 합니다. 하지만 이들이 어느 한 영역에 특별히 관련되어 있는 것은 아닙니다. 이들은 각 내용을 하나하나 지도할 때 그 배후가 되는 수학적 활동들입니다. 유아 수학교육은 각 내용 사이의 통합적인 이해와 수학적 활동의 발전을 도모하기 위한 학습임을 깨닫고 지도하는 일이 중요합니다.

이 다섯 가지는 지식의 존재 형태를 내용지와 방법지 두 가지로 크게 나눌 때 방법지에 해당합니다. 내용지란 '~이란 무엇무엇이다.'라든가 '~이란 이런이런 것이다.'라고 하는 '익혀지는 앎'을 학습하는 것을 뜻하고, 방법지란 생각하는 힘, 판단하는 힘, 문제

아이의 수학머리를 키워 주는 수학육아

해결의 힘을 배우는 것을 뜻한다고 앞에서 이야기했습니다. 즉, 지식이나 기능 자체를 '어떻게 얻어가는가'라고 하는 학습 방법에 관한 것이 방법지입니다.

현대는 지식 정보화 사회입니다. 지식 정보화 사회란 내용지가 급격히 변화하는 시대이므로 무엇을 가르치는가가 큰 과제가 되고 있습니다. 이런 시대이므로 변하는 내용지보다는 크게 변하지 않는 방법지를 교육에서는 강조하고 있습니다.

그렇다고 내용지 없이 방법지만을 교육할 수는 없습니다. 그러므로 내용지로서 어떤 내용을 선택할 것인가 하는 것과 방법지의 틀로서 무엇을 선택할 것인가가 문제가 되는 것입니다. 위의 다섯 항목은 유아 수학교육에서 선택해야 할 방법지의 틀입니다. 한편 내용지의 틀은 크게 나누어 다음 세 영역으로 구성됩니다.

수와 연산, 양과 측정, 공간과 도형

방법지의 틀로 제시한 다섯 가지 능력은 내용지의 틀을 구성하는 영역들 중 어느 하나에 관련된 것만은 아닙니다. 각 영역의 내용을 하나하나 공부할 때 그 배후에 일관되게 깔려 있는 사고 방법입니다. 그러므로 이 다섯 가지 능력은 각 영역의 내용들을 통합적으로 이해하고 수학을 공부하는 힘을 길러주는 데 중요한 역할을 합니다.

53

집합 만들기는 무엇인가요?

▲ 주변에서 일어나는 문제들을 잘 해결하기 위해서는 수학적인 개념이나 원리에서 그 중요한 힌트를 발견해야 합니다. 먼저 문제의 장을 정리 정돈해야 합니다. '문제의 장'이란 '문제가 되는 장면'이라고 할 수 있습니다.

무엇보다 문제가 되는 장면이나 고찰해야 할 대상을 명확하게 해야 합니다. 그것을 명확하게 하지 않은 채 문제에 접근하는 것은 무의미합니다. 문제의 장면이나 고찰해야 하는 대상을 명확히 하려는 데에는 '집합'에 대한 생각이 들어 있습니다. 어느 집합에 속하는지, 속하지 않는지를 분명하게 해나가야 하기 때문입니다.

어떤 견해를 세우고 그것에 포함되는지 안 되는지를 명확하게 했을 때, 그 안에 포함되는 모든 것을 하나로 보게 되며 이른바 집합이 존재하게 되는 것입니다. '집합 만들기'를 통해 수학적인 개

넘을 많이 깨닫게 되면 주변에서 일어나는 문제를 해결하는 데 필요한 수학적인 개념이나 원리를 발견하는 능력이 발달하게 됩니다.

54

분류하기는 어떻게 하는 것인가요?

▲ '분류하기'는 '집합 만들기'와 밀접한 관련이 있습니다. '분류'는 하나의 집합뿐만 아니라 동시에 여러 집합을 만들 수 있는 능력이라고 할 수 있습니다. 집합 만들기에서는 그 집합에 들어가느냐 안 들어가느냐만이 문제가 됩니다. 수학적 용어로 표현하면 '여집합'을 의식한 정도라고 볼 수 있습니다.

분류하기는 몇 개의 집합을 동시에 만드는 장면을 생각하는 것입니다. 예를 들면 두 개의 집합이 만들어졌을 때 그것으로부터 '포섭 관계' 등을 조사해 보는 것이 그렇습니다.

가령 남자의 집합과 어린이의 집합을 만들었을 경우, 그 두 집합 사이에는 남자이면서 어린이라고 하는 집합이 생길 수 있습니다. 그 집합은 남자의 집합에 포섭되는 것입니다. 그러나 '남자 아닌 어린이의 집합'은 남자의 집합에 포섭되지는 않습니다. 또 여기

에는 여자라는 집합, 여자 어린이라는 집합도 생기고 거기 더하여 어린이가 아닌 여자의 집합도 생깁니다.

이렇게 여러 집합을 연구해 본 결과 몇 가지 유형으로 나눌 수 있다는 사실이 예상됩니다. 그것이 '분류하기'입니다. 단순히 하나의 집합만이 아니라 몇 개의 집합을 만들어 그것들의 관계를 알아가면서 보다 차원 높은 새로운 개념을 깨닫게 되는 것입니다.

이처럼 문제의 장면에서 하나의 집합 만들기에 그치지 않고 다시금 새 집합을 만들어 가면서 발전적으로 생각하고 처리하는 능력을 키우는 것이 분류하기의 목적입니다.

55

수량화하기에 대해서 설명해 주세요

▲ '수량화하기'는 수를 사용하여 나타내는 것이라 할 수 있습니다. 수학이라는 학문은 수를 사용하는 특징을 가진 학문입니다.

수량화하기란 글자 그대로 해석하면 양을 수치화한다는 뜻입니다. 두 양을 그냥 비교할 때에는 '많다', '적다'로 또는 '크다', '작다', '길다', '짧다'라는 표현으로 끝나지만 '얼만큼' 많으냐 적으냐, 또는 '얼만큼' 기냐 짧으냐, 혹은 '얼만큼' 무거우냐 가벼우냐 같은 질문이 이어진다면 양을 수치화하지 않고는 대답할 수 없습니다. 그래서 수학에서는 모든 양을 수치화하여 다루고 있는 것입니다.

집합을 만들고 분류한 다음에는 수를 사용하여 대상을 보다 적확하게 파악해 가는 일을 합니다. 이런 일을 하기 위해서 보다 차원 높은 수학적인 개념을 발견해 가는 것이 발전의 과정입니다.

여기서 우리는 단순하게 '수량화' 한다고 했지만 실제로는 보다 넓은 범위를 포함하게 됩니다. 수 대신 문자를 사용하는 기호화나 수 대신 그림을 사용하는 도식화도 포함하게 되는 것입니다.

이렇게 형식화해서 취급하는 것의 이로움을 깨닫게 함으로써 그런 능력을 키우는 것이 수량화의 목적입니다.

56

대응시키기에 대해서 설명해 주세요

▲ 기초 능력에 집합 만들기, 분류하기, 수량화하기만으로는 충분하지 않습니다. 이것 외에 '대응시키기'가 필요합니다.

대응시키기란 두 집합의 원소들을 어떤 조건에 의하여 짝지어 가는 것입니다. 두 집합의 크기를 비교할 때 우리는 원소를 하나씩 짝지어 보고 '크다', '작다'를 판단합니다. 인류는 대응시키기에 의하여 수 개념을 얻어 냈습니다. 그래서 유아 수학교육의 출발에서부터 대응시키기는 중요합니다. 뿐만 아니라 수학에서는 집합 만들기, 분류하기, 수량화하기의 조작을 한 후에 대응시키기라는 조작을 더하여 새로운 발견을 하기도 하고, 또 그 발견에 의하여 이제까지 해결하지 못했던 문제도 해결하는 경우가 많습니다.

우리가 뭔가 새로운 규칙을 발견하기 위해서는 그 과정에서 대응이라고 하는 조작이 필요합니다. 특히 처음 항목인 집합 만들기와 대응시키기는 아주 중요합니다. 대응시키기를 하기 위해서는 무엇과 무엇을 대응시킬지, 대응시키는 것과 그 대상 및 집합 등이 명확한 범위로 정해져야만 합니다.

두 개의 집합 요소를 대응시켜서 규칙성을 발견하고 그것을 사용하여 문제를 해결하는 능력을 키워나가는 일이 대응시키기에서 거둘 수 있는 커다란 수확이기도 합니다.

57

응용하기에 대해 알려 주세요

▲ 집합 만들기, 분류하기, 수량화하기, 대응시키기를 통해 여러 가지 수학적인 개념이나 원리 등을 발견할 수 있습니다.

그런 다음 필요한 것이 '문제 해결 능력' 즉 '응용 능력'입니다. 수학에서는 이미 알고 있는 것을 응용하여 새로운 것을 알아냅니다. 이것을 '수학 내적 응용'이라고도 합니다. 이에 대해서 수학을 수학 밖의 문제 해결에 응용하는 것을 '수학 외적 응용'이라고 합니다. 그러므로 수학을 공부할 때 문제 해결 능력 즉, 응용 능력이 없으면 발전해 갈 수가 없습니다.

응용하기에서는 언제나 같은 방식으로 굳어 있는 한 가지 방법만이 아니라 창의적으로 활용하는 응용 능력이 필요합니다. 항상 고정적인 한 가지 방식으로만 쓰이는 것은 능률적인 응용이라고 할 수 없습니다. 창의적인 응용이란 모든 지식을 열린 마음으로 능률적으로 활용하는 것을 뜻합니다.

말하자면 임기응변 방식에의 활용이라고도 할 수 있습니다. 수학적인 개념이나 원리를 기능적으로 깨닫게 되면 그러한 지식들은 응용 도구로 활용될 수 있습니다. 그러기 위해서는 수학적 개념과 원리를 스스로 발견하게 하고 그것을 기능적으로 쓸 수 있도록 해야 합니다. 그렇게 하는 것이 우리가 강조하는 '창조성을 키우기 위한 수학교육'의 목표이기도 합니다.

▲

수 개념의 지도 목표는 무엇이며 어떤 단계를 거쳐서 지도해야 하나요?

▲ 먼저 수 개념 지도 목표를 정확히 알아야 합니다. 수 개념을 지도하는 목표는 아이가 물건을 셀 수 있게 하고, 수사와 숫자를 써서 표현할 수 있게 함으로써 수 개념을 갖게 하는 것입니다. 그러기 위해서는 다음을 익히게 하는 것이 목표입니다.

① 수사를 바르게 욀 수 있게 할 것.

② 숫자를 바르게 읽고, 쓸 수 있게 할 것.

③ 개수나 순서를 일대일 대응하여 세거나 순서 지을 수 있게 할 것, 사물을 몇 개씩 묶어서 셀 수 있게 할 것.

④ 수의 크기 및 순서에 대해서 알고, 수의 계열을 만들 수 있고, 수직선을 만들 수 있게 할 것.

⑤ 수의 가르기와 모으기를 통해서 한 수를 다른 수와 관계 지을 수

　　　　　　　　아이의 수학머리를 키워 주는 수학육아

있게 할 것.

⑥ 두 자리 수를 나타내는 방법에 대해서 그 의미를 알게 할 것.

유아 수학 학습에서 아주 중요한 일은 일대일 대응시키기입니다. 수사를 바르게 외는 일도, 수를 바르게 읽고 쓰는 일도 그 배경에 이 대응시키기의 사고가 없으면 안 됩니다. 특히 물건의 개수나 순서를 세는 일은 대응 그 자체라고 할 수 있습니다. 그러므로 일대일 대응시키기의 사고를 기반으로 하여 지도해 나가는 것이 수 지도의 출발입니다.

59

수 개념 지도는 쉽지 않은 것 같습니다. 지도 단계를 좀 더 자세히 설명해 주세요

▲ 지도 단계를 다음과 같이 몇 단계로 나누어 설명하겠습니다.

제1단계. 많고 적음의 비교

구체적인 사물을 이용하여 직관적으로 많고 적음을 비교하게 합니다. 가령 다음의 그림처럼 책장에 들어 있는 책의 수와 아이가 읽고 있는 책의 수는 1, 2, 3…하고 세어 보지 않더라도 어느 쪽이 많고 적은지는 판단이 됩니다.

이렇게 직관적으로 많고 적음을 비교할 수 있는 것부터 학습을 시작합니다. 이 단계에서는 아직 수를 셀 필요는 없습니다. 수사를 외지 못하더라도 직관적으로 많고 적음은 비교가 가능하기 때문입니다. 이외에도 구체적인 것들의 대소 비교를 시켜 가며 다음 단계로 넘어갑니다.

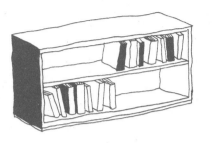

제2단계. 일대일 대응의 비교

직관적인 많고 적음의 비교가 되는 물건은 일대일 대응시키기를 할 필요가 없습니다. 그러나 많고 적음의 판단이 직관적으로 결정되지 않는 것은 일대일 대응시키기가 필요합니다.

　예를 들면 그림과 같이 검은색과 하얀색 바둑돌을 아이에게 보여 주었을 경우 아이는 그 많고 적음을 직관적으로 판단하기는

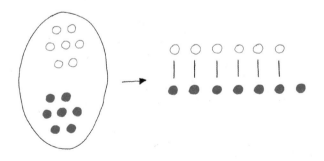

어려울 것입니다. 그것을 세어서 비교하는 일도 아이에게는 어렵습니다. 그럴 때에는 어떻게 하면 그 많고 적음을 알 수 있을까를 생각해 보게 합니다. 그러고 나서 검은색과 하얀색 바둑돌을 하나씩 일대일로 대응해 보게 합니다. 그러면 남는 것이 있는 쪽이 많은 쪽이 된다는 것을 일깨워 줍니다.

이 밖에도 손님과 방석, 스푼과 찻잔 등 생활하면서 일대일 대응을 시켜 비교해 볼 수 있는 기회는 많습니다.

제3단계. 수사의 도입

일대일 대응에 의하여 개수의 많고 적음을 비교할 수 있게 되더라도 그 차이가 얼마만큼인지를 알려면 수사가 필요합니다. 연필 5개, 공책 5권을 보여 주고, '다섯(5)'이라는 수사를 가르쳐 줍니다. 여기서 수사를 좀 더 분명하게 익히게 하려면 다음과 같은 상황을 정해 줍니다.

다섯 명의 아이가 있고 그 아이들에게 연필 1자루와 공책을 1권씩 나누어 주는 상황을 설정해 주면 아이는 연필과 공책과 아이들을 대응해 보게 될 것입니다. 그러면 아이는 아이들의 수와 연필과 공책이 같은 수만큼 있어야 한다는 것을 알게 됩니다. 그 '같은 수'가 '다섯 5'라는 것을 알게 되면 필요한 수를 '다섯 5'라고 발음하는 것이 편리함을 깨닫게 될 것입니다.

아이의 수학머리를 키워 주는 수학육아

다섯 (오)

제4단계. 사물·수사·숫자의 대응

수사의 도입과 함께 숫자를 기록해야 할 필요가 절실해집니다. 숫자를 가르치는 방법은 수사의 도입과 같은 방법으로 할 수 있습니다. 그런 다음에 사물과 수사, 숫자를 대응시킴으로써 이것이 삼위일체가 된다는 것을 깨닫게 해야 합니다. 그러기 위해서는 다음과 같은 지도를 할 수 있습니다.

먼저 숫자 카드를 만들어 보여 줍니다. 그리고 나서 아이가 그 카드에 나타난 수만큼 바둑돌을 접시에 담게 합니다. 또는 벽에다가 엄마가 오린 꽃을 몇 개 나란히 붙입니다. 그것에 맞는 숫자 카드를 아이로 하여금 들어 보게 합니다. 이런 활동들을 통해 아이는 구체적으로 사물과 수사와 숫자를 대응해 봅니다.

제5단계. 순서 및 크기

다음 단계는 수의 대소와 순서에 관해서 알게 하고 수의 계열을 만들게 하는 일이 필요합니다. '앞에서 몇 번째', '뒤에서 몇 번째' 를 알아보게 하고 일렬로 나란히 놓인 좌석의 순번을 바르게 말 할 수 있게 가르칩니다. 반대로 '앞에서 다섯 번째에는 누가 앉아 있지?' 하는 질문으로 자리에 앉아 있는 사람을 찾아내게 합니다. 이처럼 앞에서 몇 번째 뒤에서 몇 번째 같은 표현으로써 수의 계 열화를 만드는 일이 쉬워집니다. 이런 학습의 기본이 되는 것은 모 두 대응입니다. 수와 위치를 대응시키는 것으로 순서가 분명해질 수 있고, 이어서 수직선으로 발전해 갑니다.

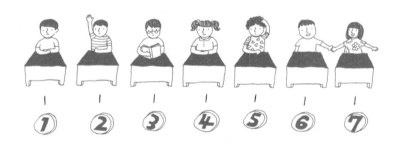

손으로 뺨을 그려 짚어가며 수직선 위에 숫자를 써서 길이를 표시해 보는 방법을 시켜 봅니다. 이렇게 하면 수직선상의 대응이 만들어집니다. 이때에는 출발하는 한쪽 끝이 0으로 시작한다는 것을 깨닫게 해야 합니다.

아이의 수학머리를 키워 주는 수학육아

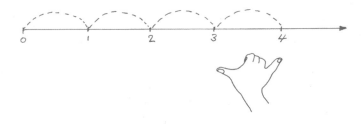

제6단계. 수의 가르기와 모으기

하나의 수를 다른 두 수로 갈라 보거나 두 수를 하나의 수로 모아 보는 일은 한 수를 다른 수와 관련지어 보는 일로서 수 개념을 확립시키는 데 중요한 역할을 합니다. 더구나 우리의 기수법은 '십진법'으로 되어 있으므로 10의 가르기와 모으기는 계산 방법의 이해를 위해서 반드시 필요한 공부입니다.

그리고 이 가르기와 모으기는 덧셈·뺄셈의 기초가 됩니다. 우선은 구체물을 이용하여 7개는 3개와 4개로 나뉠 수 있으며, 3개와 4개를 모으면 7개가 된다는 것을 공부합니다. 그런 다음에는 7은 3과 4로 나뉘며, 3과 4를 모으면 7이 된다는 것을 숫자만으로도 알게 합니다.

구체물 7의 가르기와 모으기 숫자만으로 7의 가르기와 모으기 또 5를 가를 경우 다음 6가지 경우가 있는데 그것을 정리해 보면 그림과 같이 됩니다.

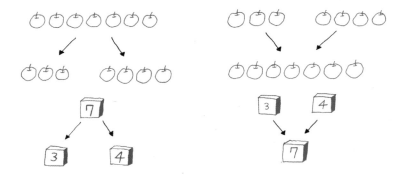

숫자로 5의 가르기와 모으기 이렇게 정리해 보면 한쪽이 하나씩 늘어나면 다른 한쪽이 하나씩 줄어든다는 규칙 즉, 패턴을 찾을 수 있습니다. 이런 패턴을 찾아보게 하는 것은 먼 훗날 수학에서 함수를 공부할 때를 위한 바탕이 되어 줍니다.

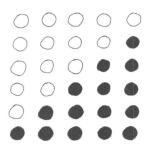

아이의 수학머리를 키워 주는 수학육아

60

수의 덧셈과 뺄셈의 지도에 대해서 알려 주세요

▲ 덧셈, 뺄셈을 가르치는 것은 아이들에게 수들끼리 더하기와 빼기가 가능하다는 것을 이해시키는 데 우선 목표가 있습니다. 그리고 실제 생활에 그것을 사용하게 하는 데도 목적이 있습니다. 그러기 위해서는 다음 사항에 유의해야 합니다.

① 더하기, 빼기의 의미와 그것이 쓰이는 곳을 아는 것이 중요합니다.

② 18 이하의 수에서 덧셈과 뺄셈을 확실하게 익히는 일이 중요합니다.

③ 간단한 경우 두 자리 수에 대해서도 덧셈과 뺄셈을 할 수 있게 하는 것이 중요합니다. 또 더하기, 빼기의 계산 방법을 이해하는 일 이외에도 더하기와 빼기를 사용하여 일상생활에서 수량적인 처리가 가능하도록 하는 것에 중점을 두어야 합니다.

말하자면 '모두가 몇 개', '합해서 몇 개', '나머지는 몇 개', '차이는 몇 개' 등을 계산하고 아이가 생활의 일을 수량적으로 처리할 수 있도록 지도하는 것입니다.

이때 '모두가 몇 개', '합해서 몇 개', '늘어나서 몇 개', '더해서 몇 개' 등을 통틀어 '더하기'로 생각할 수 있도록 합니다. 또한 '나머지는 몇 개', '차이는 몇 개', '줄어들면 몇 개', '적어지면 몇 개', '빼면 몇 개' 등을 통틀어 '빼기'로 생각할 수 있게 합니다.

먼저 덧셈에는 크게 나누어 '합병'과 '증가'와 '순서'의 경우가 있습니다.

합병

더하기를 이해시키는 데 제일 쉬운 것은 동시에 존재하는 2개의 집합을 합쳐서 하나의 집합으로 만들어 보게 하는 일입니다. 예를 들면 그림처럼 바구니 안에 있는 귤과 바구니 밖에 있는 귤의 수를 합해 보는 일입니다. 이럴 경우 그냥 "귤은 모두 합해 몇 개일까요?" 하고 질문해 버리면 아이가 더하기의 의미를 깨닫지 못합니다.

먼저 이런 질문 방법이 필요합니다.

"바구니 안에는 귤이 몇 개 들어 있지요?"

"바구니 밖에는 귤이 몇 개 있지요?"

그런 다음 "귤은 합해서 모두 몇 개일까요?"라고 질문합니다.

아이의 수학머리를 키워 주는 수학육아

앞의 2개의 질문이 없으면 2개의 집합을 합병했다는 의식이 엷어집니다.

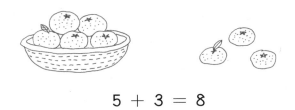

$$5 + 3 = 8$$

증가

다음 그림과 같이 처음에는 새가 나무 위에 앉아 있습니다. 여기에 새가 더 날아와 보태졌을 때 전체 수를 구하는 것이 '증가'의 경우입니다. 이럴 때 주의할 것은 나무에 앉아 있는 새의 수와 날아온 새의 수를 분명하게 해주는 일입니다.

$$4 + 2 = 6$$

순서

덧셈, 뺄셈으로 차례를 알아보는 일도 수학적 개념을 정착시키는데 중요한 분야입니다. 다음과 같은 방법으로 지도할 수 있습니다.

$$5 + 4 = 9$$

"훈이는 앞에서 5번째에 있습니다. 주희는 훈이의 다음부터 뒤로 세서 4번째에 있습니다. 주희는 앞에서부터 몇 번째에 있을까요?"

이것은 순서를 알아보는 것입니다. 이 경우 훈이의 자리 5번째는 '5사람'이라는 집합에도 해당되고 순서에도 해당됩니다. 주희의 위치인 9번째는 순서수가 되지요.

뺄셈에는 덧셈의 경우에 대응하여 '구잔', '구차', '순서'의 경우가 있습니다.

구잔

뺄셈을 이해시키는 데 제일 쉬운 것은 덜어 낸 나머지를 구해 내는 것입니다. 그림과 같이 어항 속에 있는 금붕어를 덜어 내고 나머지 금붕어 수를 묻습니다. 이때에도 아이에게 그냥 "금붕어는 몇 마리가 남았을까?"라고 질문해 버리면 뺄셈에 대한 의미를 깨닫게 할 수 없습니다. 먼저 이런 질문 방법이 필요합니다.

아이의 수학머리를 키워 주는 수학육아

"어항 속에는 금붕어가 처음에 몇 마리가 있었지?"라고 물은 다음 "덜어 낸 금붕어는 몇 마리지?" 하고 묻습니다. 이 두 질문 다음 "어항 속에는 금붕어가 몇 마리 남았지?" 하고 질문해야만 무엇에서 무엇을 빼고 난 '나머지'라는 의식을 갖게 됩니다.

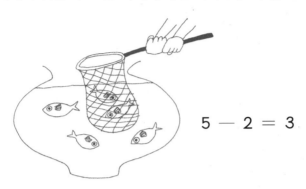

$$5 - 2 = 3$$

구차

두 수의 차이를 구하는 것이 '구차'의 경우입니다. 그림과 같이 위 나뭇가지와 아래 나뭇가지에 새들이 앉아 있습니다.

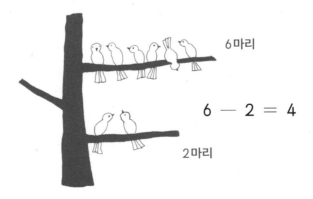

6마리

$$6 - 2 = 4$$

2마리

두 나뭇가지에 앉아 있는 새들의 수 차이를 알아보게 하는 것입니다. 이때에도 질문은 먼저 두 개의 나뭇가지 위에 있는 새의 수를 각각 알아보게 한 다음, 어느 쪽 새가 얼마나 더 많은가, 또는 어느 쪽 새가 얼마나 더 적은가를 알아보게 합니다. 이때에 주의할 것은 '더 많은 쪽'과 '더 적은 쪽'은 서로 상대적이라는 것을 일깨워 주는 겁니다.

순서

그림 속에서 정훈이와 소희가 몇 번째에 있는지를 묻습니다.

"정훈이는 앞에서부터 7번째에 있고 소희는 정훈이 바로 앞에서부터 앞쪽으로 세어서 3번째에 있어요. 소희는 앞에서부터 몇 번째일까요?"

이것은 순서에 관한 것을 뺄셈으로 알아보는 것입니다.

$$7 - 3 = 4$$

아이의 수학머리를 키워 주는 수학육아

61

유아 단계에서 지도할 수 있는 곱셈과 나눗셈의 기초는 무엇인지요?

▲ 우리는 사물의 모임에 관하여 여러 가지 일을 합니다. 통틀어 세기도 하고 분류하여 세기도 하고 같은 수로 묶어서 세기도 하고 또 똑같이 등분하여 나누기도 합니다. 이러한 모든 일들은 곱셈이나 나눗셈의 기초가 됩니다.

유아 단계에서도 곱셈과 나눗셈의 기초가 되는 이런 일들을 할 수 있어야 합니다. 그러기 위해서는 우선 분류와 정리를 하여 세는 일을 할 수 있게 해야 합니다.

분류는 그 안에 들어가는 조건과 범위가 분명하지 않으면 안되며, 그것이 집합입니다. 그러므로 이 항목에서는 집합 만들기가 또 다른 의미를 갖습니다.

그림을 통해 갖가지 집합을 만들게 하고 분류도 시켜 봅니다.

"그림에 있는 장난감들이 어지럽게 놓여 있네요. 잘 정돈하려면 어떻게 해두는 것이 좋을까요?" 하고 물어보면 "이름을 기억해 두어요."라고 할 수도 있고 "모두 몇 개인지 알아보아요." 하고 대답할 수도 있습니다. 그럴 때 엄마나 선생님은 적당히 유도해서 종류별로 각각의 수를 파악하게 합니다.

인형	3개
차	2개
집	2개
공룡	1개

그리하여 아이와 함께 이런 표를 만들어 보면 분류하기와 집합 만들기 훈련이 됩니다. 이런 훈련이 잘된 아이는 곱셈과 나눗셈의 기초가 되는 학습을 시작할 수 있습니다.

곱셈, 나눗셈의 기초로서 우선 구체적인 사물들을 이용하여 같은 수로 등분하는 일을 시작합니다. 다음 그림과 같이 12개의 연필을 3개씩 한 묶음이 되게 하여 아이 얼굴과 한 묶음씩 연결 짓게 해봅니다.

아이의 수학머리를 키워 주는 수학육아

"연필 12자루를 4명의 아이에게 똑같이 나눠 준다면 한 사람에게 몇 자루씩 돌아갈까요?"

여기에서는 3자루씩의 묶음을 원소로 하는 집합이 만들어진 것입니다. 그리고 "한 아이에게 3자루씩"이라는 대응이 만들어진 것이므로 이런 부분을 강조해 줍니다.

다시 다음에는 이렇게도 묻습니다.

"이 12개의 연필을 세 사람에게 똑같이 나눠 준다면 몇 자루씩 돌아갈까요?"

이 경우에는 한 사람에게 우선 한 자루씩의 연필을 나눠 주고 남은 연필을 또 한 자루씩 주고, 그리고 또 남은 연필을 한 자루씩 다 떨어질 때까지 나눠 주어 모두 연필이 몇 자루씩 돌아가는가를 알아보게 하는 일이 중요합니다. 이런 공부가 나눗셈의 기초입니다.

이에 대해서 "2씩 세어서 5이면 10개"이고 "3씩 세어서 4이면 12개"와 같이 똑같은 개수로 묶어서 그 묶음을 하나, 둘, 셋…하고 세는 일은 곱셈의 기초가 되는 것입니다.

62

유아 단계에서 지도하는 '양과 측정'은
어느 수준이어야 하나요?

▲ 유아 단계에서는 우선 양의 개념을 이해시키는 일이 중요합니다. 구체적인 사물의 크기 비교를 통해서 길이, 들이, 무게, 넓이, 부피 등의 초보적 개념을 갖게 하는 것입니다. '측정'이란 양을 수치화하는 것이므로 양의 개념 없이 측정을 지도하는 것은 아무런 의미가 없습니다. 가령 어른들에게 "길이는 무엇으로 재는가?" 하고 묻는다면 "자로 잰다"고 대답할 것입니다.

마찬가지로 "무게는?" 하면 "저울로"라고 할 것입니다. 자는 '길이'이고 저울은 '무게'입니다. 길이는 길이로 재고, 무게는 무게로 재고, 넓이는 넓이로 잽니다. 말하자면 양은 같은 종류의 양으로 재는 것입니다. 이렇게 측정을 알려면 양의 개념이 있어야 합니다.

유아 단계에서는 이것이 가장 중요합니다. '길다-짧다', '많다-적다', '무겁다-가볍다', '넓다-좁다' 등의 비교 언어를 자유롭게 사용할 수 있는 아이가 측정의 의미를 제대로 알 수 있는 것입니다.

시간도 양입니다. 그러나 이 양은 다른 양들과는 달리 시계가 없으면 알 수 없다는 특징이 있습니다. 시간은 시각과 시각의 사이, 즉 때와 때의 사이입니다. 그래서 시간은 시각을 아는 것으로부터 시작해야 합니다. 시계 보기가 우선되어야 하는 것입니다. 유아 단계에서는 최소한 '몇 시', '몇 시 반' 정도는 알아야 합니다.

양과 측정의 지도 순서는 길이를 대표로 하여 설명하고, 시간을 지도하는 방법은 따로 다른 항목에서 설명하기로 하겠습니다.

양과 측정의 지도 순서

직관적인 비교의 단계 : 직관에 호소하여 '보기만 하는 것'으로 비교하게 하여 비교의 바탕이 되는 양 개념을 형성시키고 비교 언어를 지도합니다. 예를 들면 길이가 분명히 차이가 나는 연필 같은 것을 제시하고 어느 것이 길고 어느 것이 짧은가를 비교해 보게 합니다. 이때에는 차이도 분명하고 원근에도 차이가 없는 상태에서 비교해야 합니다.

직접적인 비교의 단계 : 비교하는 2개의 대상을 서로 대어 보아 직접 비교해 보는 방법을 써서 '길다', '짧다', '같다'를 판단하게 하고 그 용어를 정확히 사용할 수 있게 합니다.

같은 길이 모으기 : 그림과 같은 경우를 주고, 길이가 같은 것이 있다는 사실을 깨닫게 해줍니다. 이때에는 같은 길이의 것은 정확하

게 같게 하는 일이 중요합니다. 그런 다음 "이 중에는 같은 길이의 것이 있어요. 같은 길이인 것을 모아 봅시다."라고 합니다.

그런 다음 '어떤 것보다 긴 것'과 '어떤 것보다 짧은 것'으로 묶음을 만들게 합니다.

3가지 길이 모으기 : 다음 그림 중에서 '이것'을 정해 주고 다음과 같이 비교하여 묶어 주기를 해보게 합니다.

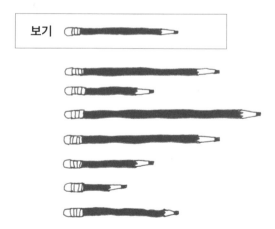

아이의 수학머리를 키워 주는 수학육아

"이것과 같은 길이의 것을 모으세요."

"이것보다 긴 것을 찾아 묶으세요."

"이것보다 짧은 것을 찾아 묶으세요."

아이 중에는 직관만으로 골라내려고 하는 아이도 있습니다. 그럴 때에는 직접 대보면서 비교해 보게 합니다.

다음에는 비교하는 양쪽 대상을 중개물에 옮겨서 재어 보게 하는 것으로 비교해 보기도 합니다. 이런 것을 간접 비교의 단계 라고 합니다.

긴 순서대로 모으기 : 그림과 같은 경우를 만들어 주고서 "제일 긴 것을 찾아보자. 긴 것의 순서대로 늘어놓아 보자." 하고 시킵니다. 이 경우에도 직관적으로 길이를 구별하는 아이가 있습니다. 이 지 도 단계에서는 어떻게 하는 것이 확실한 순서를 아는 방법인지를 알게 할 수 있습니다.

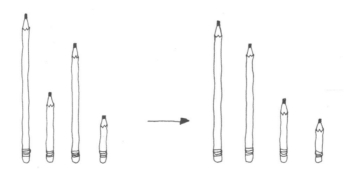

단위를 이용한 비교 : 끝으로 두 길이를 비교하는 데 적당한 길이의 단위를 정하여 비교하게 하는 것입니다. 그림과 같이 단위 길이를 놓으며 몇 번 놓이는지를 수로써 비교하게 하는 것입니다.

이것을 단위를 이용한 비교라고 합니다.

아이의 수학머리를 키워 주는 수학육아

63

유아에게 공간과 도형도 가르칠 수 있나요?

▲ 물론 가르칠 수 있습니다. 그리고 가르치면 다음과 같은 목표
에 접근할 수 있습니다.

① 도형과 공간에 대해서 기초적인 이해를 할 수 있게 됩니다.

② 사물에 대한 모양과 특징을 찾을 수 있고, 표현할 수 있게 됩니다.

③ 도형을 고찰할 때 사용하는 조작 방법을 익히게 됩니다. 예를 들면
본뜬다든가, 포개 본다든가, 맞접어 본다든가, 겹쳐 본다든가 또는
잘라서 이어 본다든가 하는 조작을 익히게 됩니다.

④ 좌우, 상하 등의 방향이나 위치에 관한 용어를 알게 되고, 사용하는
용도를 알게 됩니다.

방향이나 위치를 파악하는 것은 도형을 올바로 이해하는 기초

가 됩니다. 아이들의 그림을 보고 있으면, 모양을 구성하는 방향
이 순서에 맞지 않는 경우가 있습니다. 이것은 공간에 대한 이해
가 아직 되지 않기 때문에 생기는 현상입니다.

도형의 지도는 '집합 만들기'로 시작합니다. 그러려면 특징이
같은 것끼리 묶어 보는 일이 중요합니다. 그것이 집합 만들기가 되
는 것입니다.

몇 가지 예를 들겠습니다.

다음 그림을 보여 주고 "그림 중에서 같은 모양끼리 모아 보세
요."라고 시킵니다. 〈같은 모양끼리 모으기〉

아이의 수학머리를 키워 주는 수학육아

다음 그림을 보여 주고 "그림에서 ㉠과 꼭 맞게 포개지는 것을 묶어 보세요." 하고 시킵니다. 〈합동 모양 찾기〉

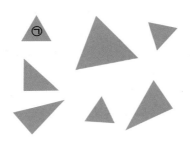

다음 그림을 보여 주고 "그림의 선들을 두 가지로 나누어 보세요."라고 말합니다. 〈직선과 곡선〉

다음 그림을 보여 주고 "그림을 보고 같은 모양끼리 모아 두 가지로 나눠 보세요. 그리고 모아 놓은 그림들이 왜 같은지 말해 보세요."라고 합니다. 〈삼각형과 사각형〉

다음 그림을 보여 주고 "다음 그림들을 마음대로 나누어 보세요. 왜 그렇게 나누었는지 말해 보세요."라고 합니다. 〈관점에 따라 분류하기〉

다음 그림을 보여 주고 "그림을 접어서 겹쳐 보세요."라고 합니다. 〈접거나 겹치는 조작〉

이 학습은 도형을 고찰할 때 사용하는 조작 방법을 경험하게 하는 것입니다. 도형을 조작하는 여러 방법을 경험하는 일은 앞으로의 도형 학습에 중요한 역할을 하게 됩니다.

다음 그림을 보여 주고 "다음 빈 곳에는 어떤 도형이 놓일까요? 알맞게 놓아 보세요."라고 합니다. 〈패턴 만들기〉

아이의 수학머리를 키워 주는 수학육아

이 일은 도형이 어떤 순서로 어떻게 놓여 있는지 규칙을 찾아내어 그 규칙대로 도형을 빈자리에 놓아 보는 학습입니다. 이 학습은 위치에 대한 이해, 도형에 대한 이해, 순서에 대한 이해 그리고 되풀이되는 마디의 이해가 있어야 가능합니다. 그런 이해들이 기초가 되는 것입니다.

64

둥근 모양, 세모 모양, 네모 모양 구별하기는 왜 하며 어떻게 지도해야 하나요?

▲ 여러 가지 물건은 둥근 모양, 세모 모양, 네모 모양과 같은 기본적인 형태로 분해할 수 있습니다. 이 기본적인 형태를 도형이라고 합니다. 세 살이 갓 된 유아라도 자기 몸 주변의 여러 가지 물건을 볼 수 있으므로 기본적인 형태를 꽤 잘 기억합니다. 여기서는 형태 구별하기를 가르치는데, 이것은 수학의 기초가 됩니다.

둥근 모양, 세모 모양, 네모 모양을 어떻게 지도하는지 알아봅시다. '둥글다'라는 의미는 동그란 구멍의 마개를 덮어가면서 구멍과 마개의 양쪽에서 가르칩니다. '둥글다'라고 하는 것은 마개와 구멍의 공통된 하나의 성질인데 이것은 '달다'든가 '빨갛다'처럼 감각적으로 확실한 성질이 아니므로 조금 이해시키기가 어려울 수도 있습니다.

그러나 마개의 표면과 구멍의 표면을 함께 가르치면 '둥글다'

는 뜻을 확실히 알게 됩니다. 손쉬운 것으로는 우유나 주스 병 같은 것을 이용할 수 있습니다. 세모 모양이나 네모 모양에 대해서도 같은 방법으로 할 수 있습니다. 세모 모양은 세모 모양 구멍과 그것에 맞는 마개를 이용하여 가르칠 수 있습니다. 또 네모 모양은 네모 모양의 구멍과 그것에 맞는 마개를 이용하여 가르칩니다. 이러한 학습은 같은 모양의 쌓기나무 놀이를 통해서도 가르칠 수 있습니다.

어떤 모양의 구멍과 그 마개(또는 쌓기나무)를 취급할 때 그 마개를 자른 단면이 구멍과 같은 모양을 하고 있다는 사실을 가르치는 것입니다. 동그란 쌓기나무는 무를 둥글게 자른 단면과 아주 비슷합니다. 세모 모양 쌓기나무의 단면은 삼각자의 모양과 같습니다. 네모 모양에 대해서도 같은 방법으로 가르칠 수 있습니다.

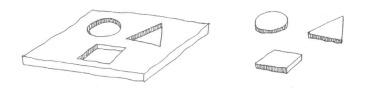

이렇게 가르치고 나서 주변의 사물에서 둥근 것, 세모난 것, 네모난 것을 찾게 합니다. 여기서 하는 지도는 단지 모양을 구별하게 하는 것만이 아니라 사물을 모양만으로 식별하는 능력을 키워 주려는 목적도 있습니다.

65

모양이 갖는 특징은 어떻게 가르쳐야 하나요?

▲ 세 살이 되면서 평면 모양을 식별하고 그 이름을 배운 아이에게는 그 모양과 특징을 관찰하는 공부를 시켜야 합니다.

세모 모양

세모 모양을 설명할 때에는 세모 모양 칩이나 쌓기나무를 아이에게 보여 주고, 그것을 회전시켜 보여 준 다음 "이것은 세모 모양을 한 빨간 칩이야. '세모 모양' 하고 말해 보렴." 하고 말합니다. 그러고 나서 세모 모양의 특징을 가르칩니다. 그럴 경우 칩이나 쌓기나무를 책상 위에 수평으로 세워 놓고 다음과 같이 말합니다.

"잘 봐. 세모 모양은 바닥이 크고 꼭대기가 뾰족하단다. 이것을 이쪽으로 돌려 보자. 이렇게 돌려도 세모 모양은 또 바닥이 크고 뾰족한 꼭대기가 있지. 또 한 번 굴려 보자. 여전히 세모 모양은 큰 바닥에 뾰족한 꼭대기가 있지."

이 단계에서 3개의 각, 3개의 변을 가지고 있다는 것은 별로 중요하지 않습니다. 중요한 것은 어떤 삼각형 모양이든 그것을 모두 세모 모양이라고 한다는 것입니다. 정삼각형이든 이등변삼각형이든 일반 삼각형이든 모두 삼각형으로 보는 것이 중요합니다. 예를 들어 아이는 '엄마'라는 말을 자기 엄마만을 지칭하는 고유명사로 알다가 남의 엄마도 지칭하는 말이라는 것을 알게 되어 '엄마'라는 말을 일반명사로 인식합니다. 이것이 개념 형성과 언어와의 관계입니다. 바로 이 단계가 아이에게 세모 모양이 고유명사였다가 일반명사가 되는 단계입니다. 이런 도형 학습이 개념 형성력을 키워 줍니다. 세모 모양을 한 도형과 그의 이름인 '세모 모양'을 굳게 결합시킨다는 목적 안에는 개념 형성력이 깊이 숨겨져 있습니다.

네모 모양

같은 방법으로 네모 모양도 가르쳐 줍니다. 네모 모양의 칩이나 쌓기나무를 아이에게 보이고 그것을 회전시켜 보인 다음 "이것은 네모 모양을 한 파란 칩이야. '네모 모양' 하고 말해 보렴." 하고 말합니다. 그러고 나서 네모 모양의 특징을 가르칩니다. 그럴 경우 칩이나 쌓기나무를 세워 놓고 다음과 같이 말합니다.

"네모 모양은 큰 바닥이 있고 위도 바닥과 같지. 또 한 번 굴려 보자. 또 네모 모양은 큰 바닥이 있고 위도 바닥과 같지."

이 단계에서도 세모 모양의 경우와 마찬가지로 네모 모양이 갖는 특징을 아는 것입니다. 정사각형이든 직사각형이든 평행사변형이든 사다리꼴이든 서로 달라 보이지만 모두 같은 특징을 갖고 있어서 같게 보아 같은 이름으로 부른다는 것을 알게 하는 것이 중요합니다. 그래서 네모 모양을 한 도형과 그의 이름인 '네모 모양'을 결합시켜 주어야 합니다.

둥근 모양

동그란 모양의 특징도 세모 모양처럼 칩이나 쌓기나무로 가르칩니다. 동그란 쌓기나무를 책상 위에 놓고 "이 칩은 여기가 둥글구나. 아무리 둥글둥글 굴려도 같게 보이지. 이 칩처럼 어느 쪽으로 보아도 동그랗게 보이는 것을 '둥근 모양'이라고 한단다. '둥근 모양' 하고 말해 보렴."이라고 가르칩니다.

바른 네모 모양

아이들이 세모, 네모, 둥근 모양을 식별하며 이름을 분명하게 사용할 수 있고, 또 길이의 개념을 갖게 되어 길다, 짧다, 같다라는 비교가 가능해지면, 지금까지 네모 모양으로만 분류하였던 바른 네모와 긴 네모 모양을 가려낼 수 있게 해야 합니다. 먼저 바른 네모 모양의 특징부터 가르칩니다. 바른 네모 모양의 칩이나 쌓기나무를 보여 주고 다음과 같이 말합니다.

"이런 모양의 쌓기나무에는 큰 바닥이 있단다. 그리고 위쪽도 바닥이랑 크기가 꼭 같지. 이런 모양의 쌓기는 이렇게 굴려도 저렇게 굴려도 모양은 꼭 같단다. 이런 모양을 '바른 네모 모양'(너무 말이 길다 싶으면 간단히 바른 네모라고 해도 된다.)이라고 한단다." 중요한 것은 정사각형이든 직사각형이든 일반사각형이든 이들이 모두 같은 특징을 가지고 있어서 모두 네모 모양이라고 한다는 것, 보기에 달라 보여도 어느 면에서는 같게 본다는 사고입니다.

긴 네모 모양

긴 네모 모양은 바른 네모 모양과 같은 모양이지만 굴려도 같은 모양으로 보인다는 말은 할 수 없습니다. 변의 길이가 어떤 때는 먼저보다 길고 어떤 때는 먼저보다 짧아집니다. 이런 것을 '긴 네모 모양'이라고 한다는 것을 가르칩니다.

이상과 같은 공부는 모양이 갖는 특징을 배우는 것뿐만 아니라 사물을 관찰하는 태도를 길러 주므로 사물을 볼 때에는 굴려도 보고, 회전시켜도 보고, 아래위 길이도 맞춰 보고 뾰족한 데가 있는지도 보는 등 여러 각도에서 살펴봐야 한다는 것을 알게 해 주어야 합니다.

이상의 지도가 잘 이루어지고 나면, 도형 지도를 위한 교구를 이용하여 각과 변에 관심을 갖게 합니다. 모난 데가 몇 개인지, 곧은 데는 몇 개인지를 안 후에는 각의 수나 변의 수로 모양을 분별하게 합니다. 이때 삼각형, 사각형 이외의 다각형이 학습 내용으로 등장하게 됩니다.

교구를 맞대 보거나 겹쳐 보는 활동으로 변의 길이를 비교하게도 합니다. 그런 학습이 되면 바른 세모 모양, 바른 네모 모양, 긴 네모 모양 등을 알게 할 수 있습니다. 그렇게 되면 모양이 같은 것, 크기와 모양이 같은 것을 대보기, 겹쳐 보기, 본뜨기 등의 활동을 통하여 분별할 수 있게 됩니다.

이런 지도를 할 때 너무 서두르지 말아야 합니다. 서두르면 웃자라게 되고, 아이도 식물과 마찬가지로 웃자라면 열매를 맺지 못합니다. 옛 어른들은 늦되는 아이가 크게 된다며 일되는 아이를 염려했습니다. 이 말씀은 지금도, 앞으로도 진리입니다.

아이의 수학머리를 키워 주는 수학육아

세모 모양을 찾아보라고 하면 늘 한 가지 색만 찾는 아이는 어떻게 지도해야 하나요?

▲ 사물은 언제나 여러 속성이 한데 어우러져서 존재합니다. 그렇기 때문에 아이들은 모양만을 따로 떼어 볼 수는 없습니다. 아이는 아주 빨리 위의 모양들을 구별하게 되지만, 쌓기나무나 칩이라는 사물을 가지고 이런 것을 가르쳐 주기 때문에 아이는 '세모 모양 = 빨간 쌓기나무' 또는 '둥근 모양 = 노란 쌓기나무'식으로 특정한 색이나 쌓기나무가 지니고 있는 다른 속성과 연결해서 판단하게 마련입니다.

그런가 하면 아이는 또 '세모 모양 = 책상 위에 있는 것' 같은 사물과 사물 사이의 관련을 연상하여 기억하고 있을 수도 있습니다. 그렇게 되면 아이는 모양에 대한 온전한 개념을 가질 수가 없게 됩니다. 그러므로 아이가 모양에 대한 온전한 개념을 갖게 하기 위해서는 특정한 사물과 그 모양을 떼어 내야 합니다. 사물이나 연상에서 아이를 분리시키기 위해서는 다른 종류의 교구나 커다란 종이를 사용합니다. 먼저 다양한 교구를 손으로 짚으면서 그것의 모양이 어떤 이름으로 불리는지를 말하게 합니다. 또 커다란 종이에 여러 가지 도형을 그리고 어느 도형이 어떤 이름으로 불리는지를 짚어가며 아이들이 직접 이름을 대게 합니다. 그리고 각각의 도형의 정의적 특징을 기억해 내게 합니다.

"세모 모양은 어느 것이더라···. 어떻게 생긴 것이 세모 모양이지? 잘 생각해 보자. 세모 모양은 바닥이 크고 꼭대기가 뾰족하다고 했지?"

아이가 제대로 도형을 짚을 수 있게 되면 곧바로 아이 스스로 입으로 그 설명을 되뇌일 수 있게 합니다. 그럴 때 아이가 혹시 헷갈리는 듯하면 힌트가 될 만한 것을 기억해 내도록 도와줍니다.

"그건 밑바닥이 크지 아마. 그리고 꼭대기는 크지 않고 뾰족하지." 한다든가, "밑바닥이 크고 꼭대기가 뾰족한 모양을 뭐라고 하더라···?" 하는 식으로 세모 모양을 분명하게 이해시킵니다. 그러나 이럴 때는 너무 긴 시간동안 생각하게 하지는 말아야 합니다. 아이는 오랫동안 헤매고 있으면 그 사이에 틀린 것을 고정관념으로 굳힐 수도 있습니다. 대강 2~3분이 지나도 모르는 듯하면 한동안 쉬었다가 다시 가르치거나 처음부터 다시 시작해서 가르칩니다.

아이의 수학머리를 키워 주는 수학육아

67

위치를 나타내는 말이나 비교를 하는 말은
어떻게 가르쳐야 하나요?

▲ 위치를 이해한다든가 비교를 할 줄 안다든가 하는 것은 분리되어 있는 물건과 물건의 관계에 대해서 알게 되는 일입니다. 수학에 있어서는 중요한 기초 중 하나입니다.

두 물건의 관계를 나타내는 말을 크게 나누어 보면 위치(위, 아래, 옆)와 비교(보다 크다, 보다 무겁다, 보다 빠르다 등)로 나눌 수 있습니다. '뭐와 뭐의 사이'란 말을 제외하면 두 개의 사물의 관계는 두 가지 토씨 '의'와 '보다'로 나타낼 수 있습니다.

〔A는 B(의)(보다) ' '〕와 같은 표현 형식을 가지고 있습니다. ' ' 속에는 위치나 비교하는 말을 넣으면 문장이 의미를 지니게 되는 것입니다.

〔A는 B의 '뒤에 있습니다.'〕

〔A는 B보다 '큽니다.'〕

이 ' ' 안에 넣는 '뒤에 있습니다.'라든가 '큽니다.'라는 말은 문장 중에 있을 때에 의미를 갖게 됩니다. 즉 비교할 것이 없으면 위치나 비교에 대한 표현을 할 수가 없습니다. 하나의 물건만을 가지고 그것이 보다 '크다'든가 '뒤에 있다'고는 할 수 없습니다. 두 개의 물건이 있고 거기에 명확한 관계가 있어야만 비로소 뒤라든가 보다 크다는 말은 의미를 지니게 됩니다. 또 이런 개념은 문장을 떠나서는 이해할 수가 없습니다.

좀 더 예를 들면 여러 가지 관계를 나타내는 말을 다음과 같이 나열할 수 있습니다. 그러나 이 말들의 기본은 〔볼은 상자의(보다) ' '〕라고 하는 같은 문장을 사용하고 있습니다.

〔볼은 상자 '속에 있다'〕

〔볼은 상자 '뒤에 있다.'〕

〔볼은 상자 '보다 크다.'〕

아이는 이런 문장들이 어디가 다른지를 금방 알아보기 때문에 관계의 용어를 기억하는 일도 빠릅니다. 이런 것을 설명할 때에는 우선 설명문을 여러 가지 형태로 하고 특히 아이가 기억하기 바라는 것은 일정한 문형으로 거듭 사용하여 완전한 문형으로 통째로 외우게 합니다. 또 동시에 반드시 구체적인 물건을 써서 실제로 보여 주고 문형을 다뤄서 아이가 그 의미를 분명하게 정착시키도록 해주어야 합니다. 이것은 전체를 통해 기억해야 할 아주 중요한 요소입니다.

아이가 세 살쯤 되면 이런 '관계의 말'을 가르치기 시작합니다. 위치에 대해서는 안(中)과 밖, 위와 아래, 앞과 뒤, 곁, 둘레, 사이, 왼쪽과 오른쪽 등의 순서로 가르치고 비교에 대해서는 많다/적다, 크다/작다, 길다/짧다, 굵다/가늘다, 두껍다/얇다, 넓다/좁다, 무겁다/가볍다, 빠르다/느리다 등의 순서로 가르칩니다.

위치를 가르칠 때에는 아이가 좋아하는 같은 종류의 장난감 3~4개와 그 장난감을 넣을 박스를 2개 준비합니다. 비교를 설명할 때에는 비교하는 양을 특징적으로 가지고 있는 물건을 준비합니다. 길이는 길이를 느끼게 하는 물건을 준비하는 것입니다.

위치나 비교에 대한 말들은 그 모두를 완벽하게 사용하도록 강요해 가르칠 필요는 없습니다. 그들 언어의 사용 경험을 가져 보는 것으로 족합니다. 아이들이 일단 그들 언어의 패턴을 이해할 수 있으면 자기 스스로 자유롭게 더 많은 것을 배우면서 익혀 갈 것이기 때문입니다.

일반적으로 말을 가르치는 데 필요한 원칙은 다음과 같습니다.

첫째, 말을 가르칠 좋은 기회가 만들어졌을 때 가르칠 것.

둘째, 가르치는 데 쓰는 도구는 주변에 가까이 있는 물건을 사용할 것.

셋째, 아이에게 새로운 말을 가르칠 때는 바쁘게 서둘러야 할 때를 피해서 엄마나 아이가 천천히 말하고 천천히 들을 수 있는 시간에, 오랜 시간은 쓰지 말고 5분 정도만 가르칠 것.

아이가 적어도 네 살이 될 때까지는 위치와 비교에 대한 말은 대부분 알고 있는 것이 좋습니다.

아이의 수학머리를 키워 주는 수학육아

아이가 이해하기 어려운 개념인 왼쪽과 오른쪽은
어떻게 가르쳐야 하나요?

▲ 왼쪽과 오른쪽은 아이들에게 가장 어려운 개념 중 하나입니다. 왜냐하면 왼쪽과 오른쪽은 자신이 있는 위치에 따라서 바뀌기 때문입니다. 만약 침대에서 오른쪽을 보고 누우면 천장은 왼쪽이 되고, 방바닥은 오른쪽이 됩니다. 반대로 누우면 좌우가 먼저와는 반대가 됩니다.

그러므로 왼쪽과 오른쪽을 정하는 것은 아이를 중심으로 생각해야 합니다. 아이의 오른손 쪽이 오른쪽, 아이의 왼손 쪽이 왼쪽입니다. 그러므로 우선 가르칠 일은 오른손과 왼손을 구별하는 것입니다. 이것을 가르치기에 좋은 경우는 옷을 입힐 때입니다.

가령 아이에게 셔츠를 입힐 때 오른쪽 팔을 소매에 끼우게 되면 "정민아, 오른쪽 손 좀 줘…" 하고 오른쪽 팔을 내놓게 하는 것입니다. 그러면서 다음과 같이 오른쪽과 왼쪽의 기초적인 관계를 이해시켜 가도록 합니다. 엄마가 오른쪽이라고 할 때에는 항상 아이의 '오른쪽 손' 또는 '오른쪽 발'을 잡아 줍니다. 그러나 왼쪽이라고 말했을 때에는 '왼쪽 손'이나 '왼쪽 발'을 잡아 주지 않습니다. 왜냐하면 잡아 주는 손과 잡아 주지 않는 손을 구별시키기 위해서입니다. 그러면 아이는 오른손은 '엄마가 잡아 준 쪽', 왼쪽 손은 '엄마가 잡아 주지 않은 손'으로 자연스럽게 기억하게 됩니다.

또 아이에게 악수하는 법도 가르칩니다. "기억해 둬. 악수는 항상 오른손으로 하는 거예요. 자아, 악수를 합시다." 하면서 오른손을 쥐어 줍니다. 그러나 아이가 쉽게 그것을 기억하는 것은 아닙니다. 왜냐하면 아이에게 있어서는 엄마(혹은 선생님)의 두 손은 너무도 닮아 보이기 때문입니다. 아이는 '악수는 오른손으로 해야 한다.'는 것에 대해서 아무런 힌트도 가지고 있지 않습니다. 그런 의미에서 오른손을 힘껏 쥐어 주는 것은 '오른손은 이것' 그리고 '오른손은 자주 쥐어 주는 손'이라는 사실이 힌트가 됩니다. 그렇기는 해도 오른손을 완전히 기억하기까지는 적어도 1년쯤 또는 그 이상 걸릴 것입니다.

이렇게 오른손, 왼손을 구별하게 된 다음에 자기의 왼쪽에 있는 물건을 찾게 하여 자기를 중심으로 한 왼쪽과 오른쪽을 이해하게 합니다. 다른 사람을 중심으로 한 왼쪽, 오른쪽은 훨씬 후에 지도해야 합니다.

아이의 수학머리를 키워 주는 수학육아

69

앞뒤의 관계를 이해하는 것도 쉽지 않은 것 같은데, 왜 그런가요?

▲ '~의 앞에 있다', '~의 뒤에 있다'고 할 때 두 가지의 쓰임새가 있습니다. 하나는 기준이 되는 사물이, 앞면과 뒷면이 구별되어 있는 경우입니다. 사람은 얼굴이 있는 쪽이 앞면이고, 등이 있는 쪽이 뒷면입니다. TV는 화면이 있는 쪽이 앞면이고 그 반대쪽이 뒷면입니다.

이런 경우 '꽃병이 TV 뒤에 있다.'는 것은 꽃병이 TV의 뒷면 쪽에 있다는 것을 말합니다. '꽃병이 네 앞에 있으니 조심해라.'라는 것은 꽃병이 아이의 앞면이 있는 쪽에 있다는 말입니다.

여기 비해서 이런 쓰임도 있습니다. '민지는 항아리 뒤에 숨어 있다.'는 말은 술래인 나와 민지 사이에 항아리가 있을 때 쓰는 말입니다. '민지는 항아리 앞에 있다.'는 말은 나와 항아리 사이에 민지가 있을 때 하는 말입니다. 이렇게 항아리처럼 앞면과 뒷면이 구별되지 않는 경우에도 그것을 두고 앞과 뒤라는 말을 사용합니다.

이렇게 앞과 뒤라는 말은 상황에 따라 또 시점에 따라 달라지는 것이기 때문에, 이 말은 시간을 들여가며 경우를 나누어 조금씩 자주 그리고 느긋하게 경험하게 해야 합니다.

아이의 수학머리를 키워 주는 수학육아

70

아이에게 시간의 개념을 어떻게 이해시켜야 하나요?

▲ 시간에 대한 개념은 아이들이 이해하기에 그리 쉽지 않습니다. 우리가 쓰는 '시간'이라고 하는 말에는 두 가지 의미가 있습니다.

우리가 흔히 "학교에 갈 시간이다."라고 말할 때의 '시간'은 '시각'을 뜻합니다. 그러나 "학교에서 몇 시간 공부했니?"라고 할 때의 '시간'은 '시간'인 것입니다. 시각은 시간의 흐름 속의 한 시점을 뜻하는 것이고, 시간은 시각과 시각 사이의 길이를 뜻하는 것입니다.

그러므로 시각은 시간의 흐름 속에서의 '위치'이고 시간은 '양'입니다. 그런데 우리는 앞의 예에서 보듯이 '시각'도 '시간'이라고 하고 '시간'도 '시간'이라고 말하곤 합니다. 우리가 언어의 습관으로 이렇게 구별하지 못하고 사용하는 현상 때문에 아이들이 '시간의 개념'을 올바르게 갖는 데 어려움을 겪기도 합니다.

시각과 시간의 구별은 아이들의 시간 개념을 형성시키는 데 중요합니다. 우선 '시각'을 이해하려면 과거에 있었던 일 중, 시간의 흐름 속에서 어느 것이 먼저이고 어느 것이 나중인지를 아는 것부터 시작해야 합니다.

가령 아이가 할아버지 할머니와 함께 전철을 타고 어디엔가 다녀왔고, 한 달 뒤에 치과에 이를 치료하러 갔다고 합시다. 그러나 아이에게 그 두 가지 일의 시간 관계를 물어보면 전철을 탔던 것은 기억하지만 이를 치료하러 갔던 일은 잊어버리기도 합니다. 그런가 하면 어떤 일이 먼저 있었던 일이고 어떤 일이 나중에 있었던 일인지를 구별하지 못하기도 합니다. 네 살이 되어도 이렇게 '눈에 보이지 않는' 사건이 있었던 시간적 순서는 완전히 이해하지 못하게 마련이며 차츰 알아가게 됩니다.

시간에 대해서는 어떤 일을 '오랜 동안 많이 했다', '잠깐 동안 조금 했다'는 비교 활동을 통해서 이해하게 됩니다. 그러나 이것은 아이가 스스로 어떤 일을 할 때에 재미있으면 짧게, 재미없으면 길게 걸린 것처럼 느끼게 되므로, 가급적 객관적 판단이 가능하게 해야 합니다. 예를 들면 블록을 끼우는 작업 같은 것을 할 때, 블록의 수가 많은 경우에는 '오래 했다'는 표현을 하고 적은 경우에는 '잠깐 했다'는 표현으로 시간의 길고 짧음을 비교하게 합니다.

아이의 수학머리를 키워 주는 수학육아

71

시계 보기는 어떤 순서로 지도해야 할까요?

▲ 시계를 보는 학습은 아주 어렵습니다. 아이는 같은 3을 '세 시'라고 할 때와 '십오 분'이라고 할 때가 있다는 것을 익혀야 하는데 이것은 쉬운 일이 아닙니다. 그러나 이렇게 어려운 것일지라도 단계를 두고 가르치면 쉽게 이해시킬 수 있습니다.

그렇기는 하지만 시계 보기는 며칠 사이에 익혀 줄 수는 없습니다. 다음과 같은 순서로 가르쳐서 아이가 쉽게 받아들일 수 있게 해주어야 합니다.

먼저 시계의 문자판을 가르칩니다

먼저 시계의 문자판에 쓰여 있는 문자의 위치를 정확하게 기억시킵니다. 종이에 커다란 원을 그리고 그 원 안에 '12, 3, 6, 9' 네 개의 숫자를 써넣습니다. 그리고 나서 그 숫자의 위치에 아이의 주의를 이끌어 줍니다.

"자, 이 시계에 써진 숫자를 기억해 두자. 12는 언제나 위에 있지. 3은 언제나 여기에 있고 6은 아래쪽에 있고 9는 여기 있지." 하고 숫자의 위치를 알게 합니다.

다음에는 또 다른 종이에 원만 그리고서 12, 3, 6, 9가 "어디어디에 있었더라?" 하고 묻습니다. 아이가 바르게 대답하면 그림과 같이 1부터 12까지의 숫자를 써넣고 그것을 보여 줍니다.

다음에는 짧은바늘과 긴바늘을 가르칩니다

짧은바늘은 몇 '시'를 가리키는 바늘이고 긴바늘은 '분'을 가리키는 바늘이라는 것을 강조합니다. 이것을 확실히 하기 위하여 분침

아이의 수학머리를 키워 주는 수학육아

은 그림과 같이 시계판 원의 금에서 나가게 그려 줍니다. 이것은 짧은바늘과 긴바늘을 구별하게 하기 위한 중요한 포인트입니다.

"이 시계를 잘 봐. 짧은바늘은 숫자를 가리키고 있고 긴바늘은 삐져나가 있지. 짧은바늘은 2를 가리키고 있고. 그러니까 2시야." 라고 말합니다. 다음에는 짧은바늘을 다른 위치에 놓아가며 몇 시인지를 아이에게 반복하여 묻습니다.

"짧은바늘은 시간을 표시하는 바늘이거든. 시계에서 짧은바늘이 5라는 숫자를 가리키고 있지. 그러면 시간은 5시지."

이런 식으로 짧은바늘과 긴바늘의 의미를 가르치면 됩니다.

그리고 시계의 바늘은 항상 한 방향으로 움직인다는 사실을 가르칩니다. 문자판과 바늘을 가르친 다음에는 아이에게 손가락으로 원을 그리게 하고, 시곗바늘이 어느 방향으로 움직이는지를 그려 보게 하고 시작은 1부터 한다는 것을 알게 합니다.

"시곗바늘은 항상 작은 수에서 큰 수 쪽으로 움직인단다. 그러니까 여기서 이쪽으로 움직이는 거예요."

이런 식으로 처음에는 시계에 짧은바늘만을 그려 넣고 가르칩니다. 그러면서 짧은바늘을 다른 위치에 옮겨 놓아 가며 '지금은 몇 시?'인가를 질문합니다. 또 시곗바늘이 어느 쪽으로 움직이고 있는가도 물어서 그 방향을 잘 알게 합니다. 그러면서 초침이 있는 진짜 시계를 보여 주면 바늘이 도는 방향을 빨리 이해할 수 있습니다.

시곗바늘이 돌아간다는 것을 이해하고 난 다음에는 모형시계 또는 실제 시계에서 바늘이 돌아가는 모습을 보여 주면서 몇 시까지 읽을 수 있게 하고 또 '몇 시' 하고 말하면 바늘을 그 시각에 맞추어 보게 합니다. 시계를 보고 몇 시인지 정확하게 읽을 수 있고, 또 100까지의 수를 헤아리며 5씩 묶어세기를 할 수 있게 되면 다음엔 분침 보는 방법을 가르칩니다.

긴바늘은 분이라는 것을 가르칩니다

긴바늘이 분을 가리킨다는 것을 익히기 위해서는 다음과 같이 해봅니다. "짧은바늘은 숫자를 가리키고 있습니다. 긴바늘은 숫자를 가리키지 않고 시계의 밖을 가리키고 있습니다. 이 긴바늘로 지금이 몇 분인가를 알아보는 거랍니다. 분 읽기를 함께 해볼까요." 하며 그림과 같이 문자판의 밖으로 분을 나타내는 숫자를 씁니다.

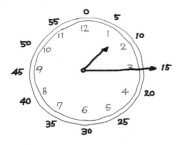

여기서부터는 딱딱한 하드보드 종이로 그림과 같은 문자판을 만들고, 움직이는 긴바늘과 짧은바늘을 붙인 시계를 만들어 사용합니다.

"여기 이 시계를 잘 봐. 긴바늘은 이 바깥 숫자를 가리키는 거야. 0이 제일 위에 있고 그리고 5가 있고 그리고 10이 있지. 꼭 5씩 세는 것과 같은 거야. 지금 이 바늘은 무엇을 가리키는 걸까?"라고 말하면서 15분 자리에 긴바늘을 놓습니다.

"15분."

"맞았어. 15분."

그리고 짧은바늘이 시각을 나타내는 것을 설명하고 둘의 관계를 설명합니다. "짧은바늘로는 몇 시인가를 보고 긴바늘로는 몇 분인가를 보는 거야. 그리고 항상 0에서 시작하지. 긴바늘은 5씩 세는 거야. 0, 5, 10, 15… 십오 분이라고 하지. 준혁이도 몇 시인지 몇 분인지를 말로 해봐." 하고 여러 가지로 바늘을 움직여 가며 읽게 합니다. 이 경우 짧은바늘만 있는 시계, 긴바늘만 있는 시계를 사용하면 배우기가 쉽습니다.

다음으로는 바늘이 문자판 밖의 숫자를 정확하게 가리키고 있는 예에 대하여 설명합니다. 그러나 6분이 지났다든가 13분이 지났다는 따위 문제는 너무 어려우므로 시키지 않습니다. 0에서 시작하여 긴바늘까지 5씩 쪼개기를 거듭하여 시키며 가르칩니다. 그리고 몇 분이 지난다는 용어를 익혀 주어서 '몇 분이 지났다.'는 말을 사용해서 답을 하게 합니다.

유아 단계에서는 5분 단위까지 시계를 볼 줄 안다면 대단히 성공적입니다. 물론 여기까지 공부하고도 분 단위까지도 읽고 10분 전 10분 후까지 말할 수 있는 아이가 드물지 않게 있습니다. 이것은 그 아이의 환경과 매우 관계가 있습니다. 그런 환경을 만들기 위하여 아이 생일 같은 때 귀여운 어린이용 시계를 선물한다면 좋을 것 같습니다. 시간에 대하여 관심이나 흥미를 갖게 하는 동기로서 대단히 효과가 있습니다. 이때 숫자가 크고 분명한 시계를 선택하는 것이 좋습니다.

요일이나 달력 보기 같은 것도 가르칠 수 있나요?

▲ 시각과 시간에 대한 기초적인 개념이 생기고, 두 자리 수까지 공부한 아이가 순서가 똑같이 되풀이된다는 사실을 이해하게 되면, 요일이나 오늘, 내일, 어제 또는 1년간의 달 이름 같은 것들의 의미를 조금씩 알아가게 됩니다.

요일

1주일간의 요일을 가르치는 일은 다음과 같이 합니다. 먼저 아이에게 1주일간의 요일 이름을 거듭해서 들려줍니다. 이 나이의 아이는 기억력이 발달되어 있기 때문에 글자를 못 읽더라도 요일 이름은 기억할 수 있습니다. 글자를 읽을 수 있는 아이라면 요일 이름을 적은 걸개그림을 만들어 방안에 걸어 두면 좋습니다. 그런다음 수를 세게 할 때와 같은 방법으로 설명해 줍니다.

① 처음에는 아이가 요일을 바르게 발음할 수 있도록 가르칩니다.

② 일요일부터 차례로 요일을 읽어 주어 아이가 그 이름을 거듭해서 외우게 합니다.

③ 요일 전부를 읽어 준 다음 아이에게 요일 전부를 되풀이해서 외우게 합니다.

④ 엄마가 읽어 주지 말고 처음부터 아이가 요일 이름 전부를 암송하게 합니다.

그러고 나서 아이에게 다음과 같이 묻습니다.

"1주일에는 며칠이 있지?"

"7일요."

"그래요. 7일이지. 그럼 1년도 7일일까?"

"아뇨."

"그렇지. 1년은 아주아주 긴 시간이야. 그럼 1달은 7일일까?"

"아뇨."

"그래. 1달도 꽤 긴 시간이지. 그럼 1주일은 7일일까?"

"1주일은 7일입니다."

"맞아. 1주일은 7일이란다."

요일을 가르칠 때에는 각각의 요일 특징을 아이가 아는 범위 내에서 이해시킵니다. 이를테면, "아빠는 토요일과 일요일에는 회사에 일하러 나가지 않으시니까 토요일과 일요일은 '우리 가족의 날'이지. 아빠가 일하러 가시는 날은(걸개그림의 요일을 짚으며) 월요일, 화요일, 수요일, 목요일 그리고 금요일이에요. 엄마가 영어 공부를 하러 가는 날은 무슨 요일이지?"

"목요일."

"그래. 목요일이지. 환경미화원 아저씨는 재활용품 가지러 수요일에 오시니?"

"수요일에 오세요."

"그렇지. 수요일에 오시지. 화요일에는 어때? 안 오시지."

이런 식으로 일상적인 일과 연관시켜 가르쳐 갑니다.

오늘, 내일, 어제

요일의 이름을 꽤 정확하게 말하게 되면 오늘, 내일, 어제의 의미를 가르칩니다. 그러기 위해서 다음과 같이 합니다. '오늘'은 '이날'입니다. 이것은 1주일 중의 어느 날도 해당됩니다. 그리고 내일은 그 '다음 날'을 말합니다. 그리고 '어제'는 그 '앞의 날'이 되는 것입니다. 가르치는 것에 따라 조금씩 구체적으로 설명합니다.

① 아이에게 오늘은 무슨 요일인지 물어봅니다. 그래서 "오늘은 목요일입니다."라고 대답하면

② 다음에는 걸개그림에서 목요일은 어디에 있는가를 찾아보게 합니다. "목요일을 찾아서 손가락으로 짚어 봐. 오늘은 목요일이고, 다른

어느 요일도 아니야. 일요일도 아니고." 그렇게 목요일이 '오늘'이라는 것을 확인시킵니다.

③ '내일'을 걸개그림에서 짚어 보게 하기 전에 먼저 그 정의를 말해 줍니다. "내일은 언제나 그다음 날이야. 그러니까 오늘이 목요일이면 내일은 그다음 날이 되는 거거든. 내일은 무슨 요일일까?", "내일은 금요일이요.", "맞아요. 금요일이에요. 아주 잘했어요."

④ '오늘'을 중심으로, '어제'를 걸개그림에서 짚어 내기 위해서 먼저 규칙을 가르칩니다.

"어제는 언제나 오늘의 앞날이지요. 그러니까 만약에 오늘이 목요일이면 어제는 그 앞의 날이니까 수요일이에요."

이런 내용은 명확한 것이기 때문에 어느 요일에 대해서도 분명하게 해당되는 일입니다. 그렇기는 하지만 아이가 실제로 여러 가지 장면에서 그것을 적용하기까지는 상당한 시간이 걸릴 것입니다.

1년의 달

아이가 요일에 관한 것을 완전히 알게 되었을 때부터 (대개 4살 정도가 되어야 가능하지만) 1년의 달을 가르치기 시작합니다. 기본적으로는 요일을 가르칠 때와 같은 방법을 사용합니다. 그러므로 이때도 12달의 이름을 적은 걸개그림이 필요합니다.

아이의 수학머리를 키워 주는 수학육아

우선 처음에 1년이 몇 달로 되어 있는지를 가르쳐 줍니다. "1년은 열두 달이야. 12개월이지. 1년은 1달이 아니야. 1년은 1개월이 아니야. 1주일은 12개월이 아니야. 1년이 12개월이지." 하는 방법으로 1년은 12달이라는 사실을 알려 줍니다. 그런 다음에 "1년에는 몇 개월이 있지?" 하고 질문합니다.

| 1월 |
| 2월 |
| 3월 |
| 4월 |
| 5월 |
| 6월 |
| 7월 |
| 8월 |
| 9월 |
| 10월 |
| 11월 |
| 12월 |

① 먼저 1월, 2월, 3월, 4월……하고 12개월을 말해 보게 합니다. 엄마가 먼저 말한 뒤, 아이가 따라 말합니다. 이때에는 각각의 달 이름을 외워서 말해야 합니다.

② 엄마를 따라 한 달씩 달의 이름을 외운 다음, 엄마가 달 이름 전부를 한꺼번에 말하는 것을 따라 아이도 혼자서 외게 합니다. 우리의 달 이름은 영어와는 달리 1에서 12까지의 수로만 되기 때문에 아이들이 이해하고 외우기에 쉽습니다.

③ 엄마는 가만히 있고 처음부터 아이가 달 이름 전부를 외게 합니다. 그런 다음 1년은 오랜 시간이라는 것을 다시 한 번 말해 줍니다. "1년은 요전번에 지난 설날부터 다음 해 설날까지 쭉 지나간 사이를 말하는 거예요. 그러니까 1년은 준호가 3살이 된 생일에서 4살이 되는 생일까지이기도 하지."

또 달에 대해서도 새 달이 시작되면 아이에게 그것을 가르칩니다. 아이가 TV에서 겨울 이야기를 보고 있을 때에는 눈은 보통 12월, 1월, 2월까지 내린다는 것을 말해 줍니다. 또 여름휴가나 수영 이야기를 할 때에는 더운 기후의 달은 7월, 8월에 해당한다고 가르쳐 줍니다.

이런 식으로 아이의 생활과 연관시켜 가르치면 몇 월에는 어떤 일이 있는지를 조금씩 알아가게 됩니다. 이런 공부가 되면 다음에는 날짜를 공부하여 오늘은 몇 월 몇 일 무슨 요일이라고 정확하게 말할 수 있게 합니다. 이때부터 아이의 생일이며 가족들의 생일 혹은 제삿날 등을 가르치면 가족 일원으로서의 인식을 갖게 되어 어른스러워질 것입니다.

일상생활에서 덧셈을 어떻게 알려 줘야 쉬울까요?

▲ 아이들에게는 덧셈 계산보다는 덧셈의 의미를 파악하도록 하는 것이 더 중요합니다. 덧셈의 의미를 파악하지 못하고, 덧셈 계산만을 배운 아이는 계산은 할 줄 알면서도 덧셈이 적용되는 문제를 풀지 못합니다.

덧셈이 직접 적용되는 상황은 다음과 같습니다.

첨가, 증가 : 집합의 확대에 의한 개수의 변화.

예) 오리가 5마리 있는데 2마리가 더 늘었기 때문에 모두 7마리가 되었습니다.

집합의 합병 : 두 집합으로 만들어진 합집합의 원소 개수.

예) 사과 5개와 사과 2개를 합했더니 모두 7개가 되었습니다.

대소의 비교 : 두 집합의 차를 알고 큰 쪽의 수를 구한다.

예) 동생은 연필 5자루를 가지고 있고, 형은 동생보다 2자루를 더 많이 가지고 있습니다. 형은 연필 7자루를 가졌습니다.

순서 : 집합의 원소가 차례로 놓였을 때의 순번.

예) 준호는 앞에서 5번째에 있습니다. 소영이는 준호 다음부터 세어서 2번째에 있습니다. 소영이는 앞에서 7번째에 있습니다.

덧셈이 적용되는 경우는 위의 네 가지입니다. 이것이 덧셈이 지닌 구체적 의미입니다. 아이들이 덧셈을 처음 공부할 때에는 이 덧셈의 다양한 의미를 알 수 있도록 해야 합니다. '~만큼 늘었다', '~에 ~을 더했다', '~와 ~을 합쳤다', '~만큼 크다' 등과 '모두'라는 말을 이해하고 자유롭게 구사할 수 있게 되면 아이는 덧셈이 적용되는 다양한 상황을 처리할 수 있게 될 것입니다.

아이의 수학머리를 키워 주는 수학육아

74

일상생활에서 뺄셈을 어떻게 알려 줘야 할까요?

▲ 덧셈의 경우와 마찬가지로 아이들에게 뺄셈 계산보다는 뺄셈의 의미를 파악시키는 일이 중요합니다. 뺄셈의 의미를 파악하지 못하고, 계산에만 익숙해지게 하는 것은 아이들이 뺄셈을 적용하는 능력을 갖지 못하게 할 수도 있습니다.

뺄셈이 직접 적용되는 상황은 다음과 같습니다.

덜어 내기, 감소 : 집합의 축소에 의한 개수의 변화

예) 사과 5개가 있습니다. 사과 2개를 덜어 냈습니다. 사과는 3개 남았습니다.

여집합 : 전체집합에서 부분집합을 만든다.

예) 아이들 5명이 놀고 있습니다. 이 중에 남자아이는 2명입니다. 여자아이는 3명입니다.

대소의 비교 : 두 집합의 차를 구한다.

예) 남자 5명과 여자 2명이 있습니다. 남자는 여자보다 3명이 더 많습니다. 여자는 남자보다 3명이 적습니다.

차례 : 집합과 원소가 차례로 놓였을 때의 순번

예) 준호는 앞에서 5번째에 있습니다. 소영이는 준호의 앞사람부터 앞으로 세어서 2번째에 있습니다. 소영이는 앞에서 3번째에 있습니다.

뺄셈이 적용되는 상황은 위의 네 가지 경우입니다. 이것이 뺄셈이 지닌 구체적 의미입니다. 아이들이 뺄셈을 처음 공부할 때 이 뺄셈의 다양한 구조를 알 수 있도록 해야 합니다. 그래서 '~만큼 줄었다', '~만큼 덜어 냈다', '~을 뺐다', '~만큼 적다', '나머지' 등의 말을 이해하고 자유롭게 구사할 수 있게 되면 뺄셈이 적용되는 다양한 상황을 처리할 수 있게 될 것입니다. 이렇게 되면 아이가 뺄셈 계산은 하는데 문장으로 된 문제는 풀지 못하는 일은 없을 것입니다.

아이의 수학머리를 키워 주는 수학육아

75

아이들이 0을 어려워합니다. 0의 의미와
0의 지도 방법에 대해 설명해 주세요

▲ 0에는 '없다'라는 뜻의 0과 '연산'에서의 0, '빈자리'라는 뜻의 0,
기점의 0 등과 같은 뜻을 생각할 수 있습니다. 우선 '없다'라는 뜻
의 0부터 이해시켜야 합니다. 0은 없다는 뜻을 가지고 있지만 이
것은 그냥 없는 것이 아니라 '있어야 할 것이 없다.'라는 것입니다.
'접시에 사과가 없다.', '사탕 통에 사탕이 없다.', '꽃병에 꽃이 없다.'
와 같이 있었던 상태에서 없는 상태로 '없다'를 이해해야 합니다.

그림과 같이 처음 어항에는 금붕어를 3마리 넣어 놓고, 거기서
1마리씩을 꺼내어 2마리, 1마리, 그리고 마지막에는 '금붕어가 없
다.'는 상태를 만들어 갑니다.

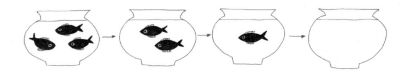

그러고는 마지막 단계에서 어항에 있는 금붕어의 수를 물으면 "없습니다. 비었습니다…." 등으로 답할 것입니다. 이럴 때 "이 어항에는 금붕어가 없습니다.", "이 어항의 금붕어 수는 0입니다."라고 말하면서 0이라고 쓴다는 것을 가르칩니다.

이렇게 0을 배운 뒤에는 "엄마가 사과를 7개 사 왔습니다.", "배는 몇 개 사왔을까요?", "배는 0개를 사오셨군요." 등과 같이 의식적으로 자주 0을 사용하도록 합니다.

아이의 수학머리를 키워 주는 수학육아

76

0을 포함한 덧셈, 뺄셈을 어떻게 가르치나요?

▲ 0을 포함한 덧셈은 다음 그림과 같은 방법으로 시작합니다. 우선 2마리의 금붕어가 들어 있는 어항에 1마리의 금붕어를 더 넣어서 '2+1=3'의 상태를 만듭니다. 이 그림은 덧셈의 의미를 상기시키기 위한 것입니다.

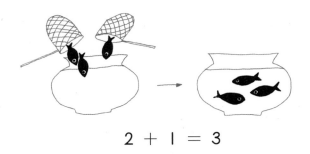

$$2 + 1 = 3$$

다음에는 "어항에 준호는 3마리의 금붕어를 넣었고, 영미는 0마리를 넣었습니다. 모두 몇 마리가 되었습니까?"라고 묻습니다.

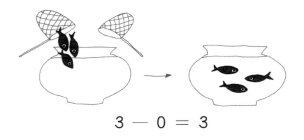

$$3 - 0 = 3$$

그리고 "태훈이는 0마리의 금붕어를, 정희는 2마리를 넣었습니다. 모두 몇 마리가 되었습니까?"

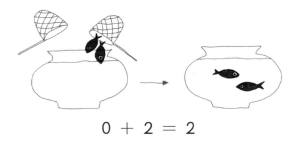

$$0 + 2 = 2$$

마지막으로 "영준이는 0마리의 금붕어를 어항에 넣고, 민정이도 0마리의 금붕어를 넣었습니다. 모두 몇 마리가 되었을까요?"라고 묻습니다.

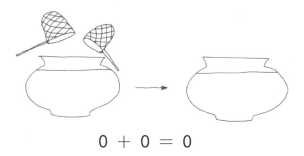

$$0 + 0 = 0$$

아이의 수학머리를 키워 주는 수학육아

이런 일들을 실제로 아이와 함께하면서 지도하면 실감하면서 잘 배워 갈 것입니다.

0을 포함한 뺄셈도 덧셈의 경우와 같은 분위기로 가르칩니다. 우선 다음과 같은 그림으로 뺄셈의 의미를 상기시킵니다.

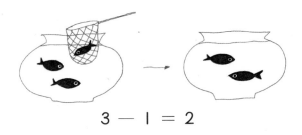

$$3 - 1 = 2$$

그리고 나서 "어항에 금붕어가 3마리 있었습니다. 준호는 금붕어 3마리를 건져 냈습니다. 어항에는 금붕어가 몇 마리 있을까요?"

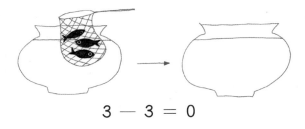

$$3 - 3 = 0$$

다음에는 "금붕어 3마리가 있습니다. 여기서 정희는 0마리를 건져 냈습니다. 금붕어는 몇 마리가 남았을까요?"

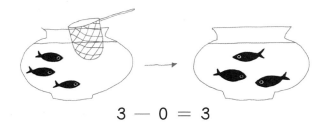

$$3 - 0 = 3$$

마지막으로 "어항에 금붕어 0마리가 있었습니다. 영준이는 금붕어 0마리를 건져 냈습니다. 어항에는 금붕어 몇 마리가 있습니까?"

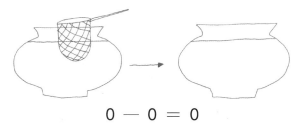

$$0 - 0 = 0$$

이런 각각의 경우를 실제로 해가면서 뺄셈을 가르치면 아이들은 실감 있게 배울 것입니다. 이 마지막 경우 아이는 갸우뚱할 것입니다. 그러나 곧바로 상상력을 발휘하며 이해할 것입니다.

아이의 수학머리를 키워 주는 수학육아

수학교육의 중요한 목표 중 하나가
추리력을 키우는 것이라고 하는데 이 연령에서
어떤 방법으로 가능한가요?

▲ 그렇습니다. 수학교육으로 추리력을 키워 줄 수 있습니다. 어떤 일이 일어났고, 그 결과는 어떻게 되었는지를 추리하는 것은 넓은 의미에서 수학교육의 기초가 되며, 또 수학교육은 그러한 추리력 을 보다 세련되게 키운다는 목적을 가지고 있습니다.

우리가 줄거리를 세워 생각을 해나가거나 하나의 일로부터 다른 일을 추론할 수 있게 되는 것은 네 살쯤부터라고 합니다. 아이 가 사물의 이름을 열심히 묻다가 어느 시기부터는 끊임없이 "왜 그런 거야?", "무엇 때문이야?"라고 묻기도 하고 "아닌데…"라고 반문하기도 합니다. 이 시기가 바로 논리의 발달이 시작되는 때입 니다.

아이가 이렇게 왕성한 호기심을 표현할 때 어른들이 모른 척하 고 방치하면 아이의 논리력 발달은 기대하기 어렵습니다. 이 역시 잘 지도하고 훈련시켜야 합니다. 수학교육을 일찍부터 하는 것이 좋다는 것도 그러한 까닭입니다. 수학교육이란 좀 어렵게 말하면 이론을 세워 발전시켜 가는 매우 체계적인 학문이기 때문입니다.

이론이란 기본이 되는 규칙들을 결합하여 거듭 쌓아 가는 것이라고 할 수 있습니다. 기본이 되는 규칙을 정확하게 결합시켜 가는 능력은 사물에 대해 맥락을 세워 생각하는 힘을 길러 줍니다. 이것은 수학뿐 아니라 모든 학습의 기초가 되는 추리력이 되는 것입니다.

유아 수학교육에서는 이 기초가 되는 추리력을 키우려고 합니다. 그러므로 수학의 어떤 지식이나 기능을 맥락 없이 그냥 기억한다든가 이유도 모른 채 어떤 일, 예를 들면 계산 같은 것을 기계적으로 해가는 일은 잘못된 것입니다.

추리력은 수학말고 다른 분야에서도 키워 가야 합니다. 추리를 하기 위해서는 우선 '왜냐하면'이라는 말을 할 수 있어야 합니다. '왜냐하면'이라는 말은 '왜'라고 하는 물음에 대답할 때 쓰는 말로써 맥락을 세워 생각하거나 이론을 세우는 기초가 됩니다. 그러므로 아이와 함께 '왜냐하면'이라는 말을 사용하는 일을 의도적으로 거듭합니다. 먼저 엄마가 다음과 같이 대화를 시작합니다.

"우리는 왜 버스를 탈까요?"

"왜냐하면 우리는 빨리 가고 싶으니까."

"왜 병이 나면 나가 놀면 안 되고 집에만 있어야 돼?"

아이의 수학머리를 키워 주는 수학육아

"왜냐하면 그래야 병이 빨리 나을 수 있으니까."

이와 같이 '왜?'라는 물음에 대해서 '왜냐하면'이라는 말로 그 원인이라든가 이유를 설명할 수 있도록 합니다. 이유를 생각해 보고, 맥락을 세워 생각하는 태도나 이론적으로 말하는 태도를 몸에 익히도록 하는 것입니다.

추리력을 키우는 데는 만화를 보여 주어도 좋습니다. 만화는 단순한 선이나 색으로 사람이나 동물이나 집 등을 표현합니다. 이런 단순한 표현으로 내용을 이해한다는 것은 지능이 상당히 발달해야만 가능합니다.

가령 4컷짜리 만화는 4장면으로 하나의 이야기를 만들고 있습니다. 그림 4개의 미묘한 차이로 하나의 이야기를 꾸미고 있는 것입니다. 이 미묘한 차이를 파악하여 하나의 이야기를 알아내는 데는 추리력이 역할을 하여 이루어 내는 것입니다. 4개의 그림으로 어떤 일이 있었고, 그 결과가 어떻게 되었다고 추리하는 것도 수학을 공부하는 기초가 될 수 있습니다.

또한 아이에게 추리력을 키워 주는 데 좋은 방법으로는 질문이 있습니다. 우선은 답이 분명한 질문부터 시작합니다. 네 살쯤 된 아이는 자신이 가지고 있는 지식을 동원하여 질문의 내용에서 추리(판단)한 답을 하려고 노력할 것입니다. 지식이 늘어남에 따라 조금 어려운 질문에도 정확한 답을 할 수 있게 되어 갈 것입니다.

그런 다음에는 답을 분명하게 알 수 없는 질문을 합니다. 일부러 잘 대답할 수 없는 질문을 하여 답하게 하고, 무엇을 모르고 있는가를 확실하게 해주는 것입니다.

"자, 여기에 동물이 있네. 만약에 이 동물이 말이 아니라면 이것은 무엇일까?"와 같은 질문을 해봅니다. 이런 질문은 답을 알 수 없고 어떤 조건이 더 있어야 답을 알 수 있는 질문입니다.

"운동장에 많은 아이가 있어. 아이들 중에는 여자아이가 있니?" 이런 질문에는 "알 수가 없다."라고 대답하는 것이 정답입니다.

이런 질문들을 통해 무엇을 알고 있고, 무엇을 모르고 있는지를 정리하여 생각하는 것은 사물을 이론적으로 생각하는 데 필요합니다. 아이들에게 이런 태도를 길러 주는 것이 아주 중요합니다.

질문 게임을 한다든가 긴 이야기를 해주고 그 내용을 질문한다든가 이야기의 일부를 들려주고 나머지를 완성시키는 일들은 아이들의 사고력과 추리력을 키우는 데 좋은 방법입니다. 이러한 활동을 통해서 '그리고', '또는', '만약에 ~면 ~일 것이다', '그러므로', '때문에', '왜냐하면', '~뿐', '~가 아니다' 등의 말의 의미를 파악하고 사용할 수 있게 되면 이 아이는 앞으로 다가올 학습에 대한 기초를 마련한 셈입니다. 수학 학습에 수학 동화라는 이름으로 동화를 도입한 것은 조리 있게 생각하고 추리할 수 있는 능력을 키워 주려는 목적이므로 도움이 됩니다.

아이의 수학머리를 키워 주는 수학육아
ⓒ 오병승

초판 1쇄 펴낸날 2018년 8월 20일

지은이   오병승
펴낸이   최만영
책임편집   한해숙
디자인   최성수, 이이환
마케팅   박영준
영업관리   김효순
제작   박지훈

펴낸곳   주식회사 한솔수북
출판등록   제2013-000276호
주소   03996 서울시 마포구 월드컵로 96 영훈빌딩 5층
전화   편집 02-2001-5823 영업 02-2001-5828
팩스   02-2060-0108
전자우편   isoobook@eduhansol.co.kr
북카페   cafe.naver.com/soobook
페이스북   www.facebook.com/isoobook

값 13,000원
ISBN 979-11-7028-263-1 03370

이 도서의 국립중앙도서관 출판예정도서목록(CIP)은
서지정보유통지원시스템 홈페이지(http://seoji.nl.go.kr)와
국가자료공동목록시스템(http://www.nl.go.kr/kolisnet)에서
이용하실 수 있습니다. (CIP제어번호: CIP2018023138)

한솔수북의 모든 책은 아이의 눈, 엄마의 마음으로 만듭니다